水利水电工程项目管理与新模式探索

许衡 著

吉林科学技术出版社

图书在版编目（CIP）数据

水利水电工程项目管理与新模式探索 / 许衡著 . --
长春：吉林科学技术出版社，2022.9
ISBN 978-7-5578-9830-4

Ⅰ . ①水… Ⅱ . ①许… Ⅲ . ①水利水电工程－工程项
目管理－研究 Ⅳ . ① F407.963

中国版本图书馆 CIP 数据核字 (2022) 第 184237 号

水利水电工程项目管理与新模式探索

著	许　衡	
出 版 人	宛　霞	
责任编辑	乌　兰	
封面设计	张玉康	
制　版	张玉康	
幅面尺寸	170mm×240mm	
字　数	150 千字	
印　张	7.75	
印　数	1-1500 册	
版　次	2022年9月第1版	
印　次	2023年3月第1次印刷	

出　版　吉林科学技术出版社
发　行　吉林科学技术出版社
地　址　长春市福祉大路5788号
邮　编　130118
发行部电话/传真　0431-81629529 81629530 81629531
　　　　　　　　　81629532 81629533 81629534
储运部电话　0431-86059116
编辑部电话　0431-81629518
印　刷　三河市嵩川印刷有限公司

书　号　ISBN 978-7-5578-9830-4
定　价　100.00元

前　　言

　　水利水电工程对河流洪水径流的调控作用以及在人类经济社会发展中的重要功能不言而喻。修建水利水电工程能够在认识自然规律的基础上，借助自然条件和工程技术，更好地开发水资源和水能资源，起到防洪抗旱、改善人类生存环境和生存条件的作用。水利水电工程项目管理是一项复杂的工作，往往一个施工项目是由单位、分部、单元工程组成，工作跨越多个组织，需要运用多种学科的知识来解决问题；项目工作通常没有或很少有以往的经验可以借鉴，执行中有许多未知因素，每个因素又常常带有不确定性还需要将具有不同经历、来自不同组织的人员有机地组织在一个临时性的组织内，在技术性能、成本、进度等较为严格的约束条件下实现项目目标等。这些因素都决定了项目管理是一项很复杂的工作，甚至其复杂性远远高于一般的生产管理。

　　基于此，本书以"水利水电工程项目管理与新模式探索"为题，共设置五章：第一章阐释水利水电工程类型及其发展、水利水电工程基本建设程序、我国水利水电工程管理模式及模式、水利水电工程项目监理制度；第二章分析工程项目进度控制基本认知、网络计划技术及其优化、工程进度监理的控制措施；第三章探讨水利水电工程施工安全评价指标、水利水电工程施工安全管理系统、水利水电工程项目风险管理体系；第四章探究工程质量控制及其影响因素、施工过程质量控制手段、工程质量控制的统计分析方法；第五章解析价值工程在施工管理与组织设计中的应用、EPC 工程总承包项目风险管理模式、

"代建＋监理一体化"管理模式及其发展。

全书秉承较为新颖的理念，内容丰富详尽，结构逻辑清晰，客观实用，从水利水电工程项目管理理论进行引入，系统性地对项目进度监理、施工安全评价与管理、项目质量控制、水利水电工程项目管理的新模式进行解读。另外，本书注重理论与实践的紧密结合，对我国水利水电工程发展具有一定的参考价值。

本书的撰写得到了许多专家学者的帮助和指导，在此表示诚挚的谢意。由于笔者水平有限，加之时间仓促，书中所涉及的内容难免有疏漏与不够严谨之处，希望各位读者多提宝贵意见，以待进一步修改，使之更加完善。

目 录

第一章　水利水电工程项目管理概述

第一节　水利水电工程类型及其发展

一、水利水电工程的类型

（一）按照工程级别标准划分

根据《水利水电工程等级划分及洪水标准》（SL252-2017）的规定，水利水电工程的等别根据其工程规模、效益及在国民经济中的重要性，划分为Ⅰ、Ⅱ、Ⅲ、Ⅳ、Ⅴ，共五个等级，适用于不同地区、不同条件下建设的防洪、治涝、灌溉、供水和发电等水利水电工程。

（1）水利水电工程级别的划分，主要依据水库总库容、防洪、治涝、灌溉、供水、发电等指标确定。对于综合利用的水利水电工程，当按各综合利用项目的分等指标确定的等别不同时，其工程等别应按其中的最高等别确定。水库等级划分，是指中国水利工程中对水库的级别划分，共分大（一、二）、中、小（一、二）五个等级，水利水电枢纽工程的分等指标见表1-1。

（2）平原区拦河水闸工程的等别，应根据其过闸流量的大小及其防护对象的重要程度划分级别，按表1-2确定。规模巨大或在国民经济中占有特殊重要地位的水闸枢纽工程，其级别应经论证后报主管部门批准确定。

（3）工业、灌溉、排水泵站的等别，应根据其装机流量与装机功率，按表1-3确定。城镇供水泵站的等别，应根据其供水对象的重要性，也按表1-3确定。

表 1-1　水利水电枢纽工程的分等指标

工程等别	水库		防洪		治涝	灌溉	供水	水电站
	工程规模	总库容（亿立方米）	城镇及工矿企业的重要性	保护农田（万亩）	治涝面积（万亩）	灌溉面积（万亩）	城镇及工矿企业的重要性	装机容量（10000kw）
I	大（1）型	≥10	特别重要	≥500	≥200	≥150	特别重要	≥120
II	大（2）型	10～1.0	重要	500～100	200～60	150～50	重要	120～30
III	中型	1.0～0.1	中等	100～30	60～15	50～5	中等	30～5
IV	小（1）型	0.10～0.01	一般	30～5	15～3	5～0.5	一般	5～1
V	小（2）型	0.01～0.001	次一般	≤5	≤3	≤0.5	次一般	≤1

表 1-2　平原区拦河水闸工程分级指标

工程等别	工程规模	最大过闸流量／（m3/s）
I	大（1）型	≥5000
II	大（2）型	5000～1000
III	中型	1000～100
IV	小（1）型	100～20
V	小（2）型	<20

表 1-3　灌溉、排水泵站分等指标

工程等别	工程规模	分等指标	
		装机流量	装机功率
I	大（1）型	≥ 200	≥ 3
II	大（2）型	200 ~ 50	3 ~ 1
III	中型	50 ~ 10	1 ~ 0.1
IV	小（1）型	10 ~ 2	0.1 ~ 0.01
V	小（2）型	< 2	< 0.01

（4）引水枢纽工程等别应根据引水流量的大小，按表 1-4 确定。

表 1-4　引水枢纽工程分等指标表

工程等别	I	II	III	IV	V
工程规模	大（1）型	大（2）型	中型	小（1）型	小（2）型
引水流量	≥ 200	200 ~ 50	50 ~ 10	10 ~ 2	< 2

（二）按照基本建设项目划分

基本建设项目是指按照一个总体设计进行施工、由一个或若干个单项工程组成，经济上实行统一核算、行政上实行统一管理的基本建设工程实体，如一座独立的工业厂房、一所学校或水利枢纽工程项目等。

一个基本建设项目往往规模大、建设周期长、影响因素复杂，尤其是大中型水利水电工程。因此为了便于编制基本建设计划和编制工程造价，组织招投标与施工，进行质量、工期和投资控制、拨付工程款项、实行经济核算和考核工程成本，需对一个基本建设项目系统地逐级划分为若干个各级工程项目。基本建设工程通常按项目本身的内部组成，将其划分为单项工程、单位工程、分部工程和单元工程。

（1）单项工程。单项工程又称扩大单位工程，它是建设项目的组成部分。单项工程具有独立的设计文件，竣工后可以独立地发挥生产能力或效益的工程，如水电工程中的挡水工程、泄水工程、输水工程等。

（2）单位工程。单位工程是指具有独立施工条件的建筑物。单位工程通常可以是一项独立的工程，如输水工程中的进水口、引水隧洞工程等。也可以是独立工程的一部分，一般按设计及施工部署划分，一般应遵循以下原则：

第一，枢纽工程，一般以每座独立的建筑物为一个单位工程。当工程规模大时，可将一个建筑物中具有独立施工条件的一部分划分为一个单位工程。

第二，堤防工程，按招标标段或工程结构划分单位工程。规模较大的交叉连接建筑物及管理设施以每座独立的建筑物为一个单位工程。

第三，引水（渠道）工程，按招标标段或工程结构划分单位工程。大、中型引水（渠道）建筑物以每座独立的建筑物为一个单位工程。

第四，除险加固工程，按招标标段或加固内容，并结合工程量划分单位工程。

（3）单元工程。单元工程是分部工程的组成部分，指在分部工程中由几个工序（或工种）施工完成的最小综合体，如土方工程可分为人工挖地槽、挖地坑、回填土等，类似于建筑工程中的分项工程。单元工程可按下列原则确定：

第一，河（渠）道开挖、填筑及衬砌单元工程划分界限宜设在变形缝处，长度一般不大于100m。同一分部工程中各单元工程的工程量（投资）不宜相差太大。

第二，水利水电工程单元工程施工质量验收评定标准中未涉及的单元工程可依据工程结构、施工部署或质量考核要求，按层、块、段划分。

另外，不同分部工程的单元工程也可根据相关规范进行划分。

二、水利水电工程的发展

（一）水利水电工程的成就

1949 年以来，河流开发坚持综合利用、开发与保护并重的原则，水资源和水能资源的开发利用成就巨大，建成了一批大、中、小型相互配套的水利水电工程，这些工程在发电、防洪、航运、供水、灌溉、水产养殖、改善环境、发展旅游等方面都产生了巨大的社会效益、经济效益和环境效益，在国民经济建设和社会发展中发挥了极其重要的作用。

截至目前，全国已经建成了 98000 多座水库，总库容 8983 亿立方米。修建的各类河流堤防 43 万公里，开辟了 98 处国家蓄滞洪区，总容积达到了 1067 亿立方米。这些水库、河道及堤防、蓄滞洪区组成了流域防洪工程体系，我们依靠这些工程体系，同时运用拦、分、蓄、滞、排等综合措施，抵御了新中国成立以来发生的最大洪水。比如，2020 年长江三峡水库入库洪水的洪峰流量达到 75000 立方米每秒，比 1998 年相同断面 63000 立方米每秒还多了 12000 立方米每秒，通过调度三峡水库为核心的上中游水库群，大大减轻了长江中下游地区的防洪压力。

在水能利用方面，2020 年，全国全口径发电装机容量达 220058 万千瓦，同比增长 9.5%。近年来，中国已经成为世界上水电发展最快的国家。21 世纪以来，先后投产了小浪底、三峡、水布垭、龙滩、小湾、彭水、构皮滩、瀑布沟、三板溪、拉西瓦、景洪、大藤峡、白鹤滩等大型水电工程。

水利水电工程建设，推动了水利水电相关专业——规划、勘察、设计、施工、制造、设备安装以及科学技术的发展。在吸取世界各国先进技术、总结实践经验的基础上，形成了具有中国特色的水利水电工程科学技术体系。三峡、二滩、小浪底、水布垭、龙滩、小湾、拉西瓦、构皮滩、洪家渡、瀑布沟等大型水电工程和高坝的成功建设，标志着中国水利水电建设技术已经达到世界先进水平。目前溪洛渡、向家坝、锦屏一级、锦屏二级、大岗山、糯扎渡等水电站的建设则将推动中国水利水电工程技术迈上更高台阶。

（二）水利水电工程的展望

修建水利水电工程能够在认识自然规律的基础上，借助自然条件和工程技术更好地开发水资源和水能资源，起到防洪抗旱、改善人类生存环境和生存条件的作用。水利水电工程对河流洪水径流的调控作用以及在人类经济社会发展中的重要功能不言而喻，而水库大坝也存在一些负面的影响和作用。最明显的是对河流生态环境的深层次影响，这就需要进行深入研究，运用先进的科学技术和方法，通过水库优化管理和调度，使人与自然和谐相处，并化解用水区域之间的矛盾：既能使水库大坝最大限度地造福于人类，又能最大限度地减轻不利影响。因此，水库大坝建设是解决水资源问题和当前可再生能源发展问题的必然选择。

中国地理位置的特殊性、地形地貌的复杂性、气候条件的季风性以及人多地少的矛盾，使得水资源和水能资源开发利用难度较大，加之经济社会的快速发展和生态环境建设对资源开发的要求愈来愈高，水利水电工程建设面临诸多问题和挑战。与世界上许多自然条件较优越的国家相比，中国水资源问题和水电开发的困难更为突出。因此，必须在转变经济发展方式、实行节地节水节能工作的基础上，科学规划、深入研究论证、合理开发和保护利用水资源及水能资源，不断提高资源利用效率和效益，实现水库大坝与经济社会和谐发展，以水资源和水能资源的可持续利用支撑经济社会的可持续发展。

为实现水资源可持续利用，保障国家水资源安全，促进水资源合理配置的总体要求是：①严格用水总量控制，抑制对水资源的过度消耗；②严格用水定额管理，提高用水效率和效益；③加强生态环境保护，实现水资源可持续利用；④合理调配水资源，提高区域水资源承载能力；⑤完善供水安全保障体系，保障经济社会又快又好发展；⑥实行最严格的水资源管理制度，全面提升社会管理能力。

水利建设的重点任务是，在巩固提高中东部地区防洪和供水能力的同时，加强西部水利建设，兴建环境保护和控制性水利枢纽工程，改善西部地区生态环境和民众的生活生产条件。为优化水资源配置，采取东西互补、南北互济，以丰补枯，多途径缓解北部地区水资源紧缺的矛盾，继续做好"南水北调"和"北水南调"的工程建设，争取尽快投入运行。建设必要的大中型骨干水库调蓄工程，增强对天然径流的调控能力。通过调高水资源配置与调控能力，改善重点地区、重点河段、重要城市及粮食生产基地的水源条件，提高供水安全保障程度，满足经济社会发展和生态环境保护对水资源的合理需求。构造以"南水北调"和"北水南调"为骨干，点、线、面结合的综合治理与开发利用体系，基本解决我国洪涝灾害、水资源不足和水环境恶化问题。

第二节 水利水电工程基本建设程序

"随着我国经济实力和科学技术的不断提高，水利水电工程施工各个阶段的任务与目标也变得越来越艰巨。"[①] 基本建设程序是基本建设项目从决策、设计、施工到竣工验收整个工作过程中各个阶段必须遵循的先后次序。水利水电基本建设因其规模大、费用高、制约因素多等特点，更具复杂性及失事后的严重性。

一、水利水电工程项目投资决策阶段

（1）区域规划。区域规划，也可被称为流域规划，是对区域内水利水电建设的发展规划，一般而言有两个条件作为规划依据：一是区域内的水资源分布情况，二是符合国家整体规划。根据客观的水资源条件和国家长远计划对区域水资源进行梯级开发，制定相关方案对水资源进行综合利用。

（2）立项报告。立项报告也可被称为项目建议书，是基于区域规划存在的可行性研究。立项报告要从项目的必要性和可行性两个方面进行考量，衡量项目是否值得投入以及是否具有建设条件，主管部门依据这两方面出具立项报告，为项目可行性提供依据。

二、水利水电工程项目勘察设计阶段

（一）可行性研究

可行性研究对工程项目而言非常重要，衡量项目从经济和技术方面是否可行是工程项目实施的前提条件。可行性研究的任务主要有以

---

① 余俊鑫.水利水电工程项目管理［J］.城市建设理论研究（电子版），2016（15）：1210.

下九点：

（1）对工程建设进行必要性论证，对工程本身的建设任务和资源的综合利用进行排序，分清主次。

（2）确定水文参数，了解地质条件，明确地质情况对工程的影响，列举出所存在的地质问题。

（3）对工程规模进行大致确定。

（4）选择坝型和主要建筑物，对其呈现的形式进行确定，并明确工程布置。

（5）初步拟定管理方案。

（6）对施工组织设计进行初步确认，明确其主要问题，确定大概工期范围及分期实施参考。

（7）评估环境和水土保持设施将会受到的影响。

（8）估算投资额，估算主要工程量及所需建材数量。

（9）评估工程效益，从经济指标方面考量，明确工程的财务可行性，对工程的经济合理性进行分析。

（二）初步设计

可行性研究通过后，就可以开始进行初步设计，这是为之后的项目建设安排及组织施工提供的参考依据。初步设计任务的内容如下：

（1）对工程任务和要求进行复核，确定工程的具体要求，包括工程规模、选定特征值（流量、水位、扬程等）和确认运行要求。

（2）对区域构造和地质条件进行复核，明确建筑物工程所涉及区域的地质条件、流域内水资源的水文地质条件及设计标准。

（3）确定工程等级，对工程设计标准进行复核，明确工程总体布置，确立主要建筑物形式结构和轴线布置，控制主要建筑物的尺寸和工程量。

（4）明确消防设施和设计方案。

（5）选取主要施工方案，包括对外交通、施工导流、总体布置和进度、施工设备需求等，明确建筑材料（天然和人工）和劳动力以及水电需求量，确定以上需求的来源保障。

（6）确定环境保护相关措施，出具水土保持方案。

（7）设立管理机构，对水利工程进行总体管理，明确其管理和保护范围，提出主要管理措施。

（8）编制初步设计概算，如工程有外资，要单独编制外资概算。

（9）对经济评价进行复核。（水利工程后评价的内容可否增加描述）。

三、水利水电工程项目建设施工阶段

（一）施工准备阶段

施工准备是主体工程开工前的必要工作，有以下几项内容：

（1）征地、拆迁，范围限于施工所需。

（2）完成水、电、通信等供应保障，对道路和场地进行平整作业。

（3）搭建临时建筑，包括施工期间生产生活所需。

（4）对相关设计进行招标，采购物资和设备，对所需事项进行咨询。

（5）对于建设监理、主体工程，需要通过招投标选择合适的单位和施工团队。

（6）主体工程开启全面建设实施，按照批准的建设文件进行水利工程建设，保证项目建设的顺利实施和建设目标的达成。

（二）生产准备阶段

生产准备阶段作为建设转为经营的过渡阶段具有重要的作用，需要项目法人在投产前依照建管结合的要求为生产做好准备。工程类型不同，生产准备工作也有所不同。生产准备工作主要有以下几项内容：

（1）组织准备。

（2）人员的招收和培训。

（3）技术准备。

（4）物资准备。

（5）生活设施和福利设施准备。

（6）产品销售合同（协议）签订并予以落实，保障生产经营工作，提升经济效益，以达到资产的保值和增值以及债务偿还等。

四、水利水电工程项目竣工交付阶段

竣工验收是工程完成建设目标的标志，是全面考核基本建设成果、检验设计和工程质量的重要步骤。竣工验收合格的项目即可从基本建设转入生产或使用。

当建设项目的建设内容全部完成，并经过单位工程验收，符合设计要求并按水利基本建设项目档案管理的有关规定，完成了档案资料的整理工作，在完成竣工报告、竣工决算等必需文件的编制后，项目法人按照有关规定，向验收主管部门提出申请，根据国家和部颁验收规程组织验收。

竣工决算编制完成后，须由审计机关组织竣工审计，其审计报告作为竣工验收的基本资料。（水利工程后评价内容能否体现）。

第三节　我国水利水电工程管理模式及发展

一、我国水利水电工程项目的管理模式

（一）工程项目监理模式

"随着我国建筑业管理体制改革的不断深化，以工程项目管理为核心的中国水利水电施工企业的经营管理体制也发生了很大的变化。"[①]

工程项目监理模式就是监理单位与发包单位签订工程监理合同，对整个施工单位所承包的整个工程项目的具体实施进行全面的监管工作，最终保证施工单位在具体的施工过程中能够按照发包单位和承包单位合同的约定进行。由于监理单位在工程建设过程当中与工程的施工单位没有任何利益关系，这在很大程度上提升了整个工程建设的水平，有利于保证整个工程项目建设的质量。但是通过相关的工程实践表明，该种模式在具体的施工过程当中出现了较大的漏洞，例如，国内的市场在工程监理单位的入门门槛较低，从事监理工作的人员素质较低，在具体的监理活动当中容易受到外界因素的干扰，进而影响整个工程项目的管理工作。

（二）建设单位自行管理模式

建设单位自行管理模式就是在进行工程施工的过程当中，建设单位从自身的人员当中抽调具备工程项目管理能力的人员，成立其临时的或者长期的工程项目管理结构，其内部采用统一领导的方式进行工程项目管理。采用建设单位自行管理模式能够在很大程度上保证与建设单位一体的，到那时这些单位往往是临时性的，其内部的相关管理

---

① 刘志强.水利水电工程项目管理［J］.建筑工程技术与设计，2017（23）：4005.

职能往往不够完善，管理的人员在一定程度上往往经验不足也不够专业，从而导致管理效率较差。

二、我国水利水电工程项目管理模式的发展

（一）国际化发展

随着我国市场经济的不断发展，各个工程在建设的过程当中与国际单位合作的可能性会越来越大，我国企业在国外进行工程项目建设的过程当中必然要与国外的相关企业进行合作，以实现工程项目管理工作的有效进行。同时，不得不承认国外很多工程项目管理的理念相对于我国来说较为先进，其在管理、技术、服务及人才利用方面有着较大的优势。因此，未来我国工程项目管理工作的国际化也成为一种趋势。

（二）信息化发展

随着科学技术的不断进步及整个工程项目建设的范围不断扩大，整个工程在建设的过程当中对于信息的需求量不断增加，采用传统的工程管理模式在一定程度上已经不能满足现阶段工程建设对于信息的需求。因此，全面地将现阶段先进的信息化技术嵌入到整个工程建设的过程当中已经成为一种工程项目管理的实际要求。

（三）全程化发展

现阶段国内工程项目在进行投资建设、工程管理的过程当中仍然以分段进行为主，各个部分往往由不同的负责单位及不同的负责人控制，这就导致这些单位在进行自身所承担的工作当中，往往为完成自己的工作而进行工作，严重缺乏全程性的工程考虑，缺乏全局统筹能力，这些在很大程度上影响到整个工程建设的整体性。采用该种方式在很大程度上不能满足现阶段工程规模日益扩大的要求，因此，工程

项目管理的全程化已经成为现阶段工程项目工作发展的一种必然的趋势。通过全程化的管理，全程对每个阶段进行协调，保证工程项目前一阶段的完成能够为下一阶段的开始施工提供良好的平台，这就对于提升工程质量有着较大的帮助。

随着各种工程建设规模的不断扩大，全面地保证工程项目管理工作能够满足工程建设的要求是非常必要的。因此，相关单位在进行工程项目管理，应当选择出适合自身工程建设的工程项目管理模式。

第四节　水利水电工程项目监理制度

建设监理制度是指以建设监理为基本建设管理制度，在建设领域实施的科学管理制度。它是一种用科学的方法来监督和管理建设项目的管理系统。监督和管理的对象是建设者在工程项目实施过程中的技术经济活动。这些活动及其结果必须符合有关法律法规、技术标准、规程规范和工程建设合同的规定。监督和管理的目的在于确保工程项目在合理的期限内以合理的代价与合格的质量实现其预定的目标。

我国工程建设监理制度的基本框架由一个体系、两个层次构成。一个体系是指在组织和法规上形成一个系统；两个层次是指政府建设监理和社会建设监理。政府建设监理是指政府职能机构对工程项目建设市场、建设过程和建设市场主体（业主、监理单位和承包商）等进行的宏观监督管理。社会建设监理是指监理单位受业主的委托和授权，对工程建设全过程进行的专业化的监督管理。狭义的工程建设监理是指社会建设监理。

一、政府建设监理

（一）政府建设监理的概念

作为国家机器的政府机构的职能，是为社会生产、经济活动和人们生活进行规划、协调、监督和服务。我国每一级政府都设有多个职能部门，如计划发展部门、建设管理部门、专业产业管理部门等，各专业产业管理部门内部又设有计划和建设管理机构等。人们习惯上把各级政府建设管理部门称为"政府建设主管部门"，把各级和各个专业产业管理部门中的建设管理机构称为"政府专业建设管理部门"，政府对工程建设实行监督和管理，是政府社会职能的体现和要求。政府对工程建设和社会监理单位进行宏观监督管理即为政府建设监理。

各级政府建设主管部门中设立的工程质量监督站、施工安全监督机构等，就是政府建设监理的执行机构。有的政府建设主管部门中的建设管理处等，兼有政府建设监理执行机构的职能。

（二）政府建设监理的特性

（1）强制性。政府建设监理是强制性的。这是因为国家机器的管理职能往往是授权于法，"法"对于被管理者来说，只能是强制性的、必须接受的。

（2）全面性。政府建设监理是针对整个建设活动而言的，就管理者来说，它覆盖了全社会；就一个建设项目来说，它贯穿于建设的全过程。

（3）宏观性。政府建设监理注重宏观社会效益，重点是保证建设行为的规范，维护国家利益和项目建设所有参与者的合法权益。

（三）政府建设监理的范围

所有建筑工程必须接受政府监理。无论是内资工程，还是外资工程；无论是公有制工程，还是其他所有制工程；无论是大中型工业交通工程，还是一般工业与民用建筑工程，工程一旦成立，政府有关职能机构就按照职责分工，从不同阶段和方面对工程项目实施监督管理。

同时，政府建设监理贯穿于工程建设的全过程。所有工程项目的建设过程可分为建设决策阶段和建设实施阶段。政府以贯彻国家利益为目的，从工程项目的可行性研究开始，到设计、施工，直至竣工，把建设全过程都纳入监督和管理之下，实施强制性的监理。工程项目的建设实施阶段以建设部门为主负责，政府部门对建设行为全过程进行监督、管理。在社会生活中，任何人的建设行为都不是孤立的，其涉及面相当广，必须有秩序、安全地进行。随着社会的进步和生产力的提高，随着人类建设活动的复杂化、大型化，政府监理也在不断充实发展。

政府除了对工程项目进行宏观监督和管理外，还应对工程监理市场进行监督和管理，其主要包括以下内容：

（1）市场准入的监督管理：审批监理单位的成立、资质升级、变更、停业等；组织监理工程师的考试、考核、发证与注册等。

（2）市场交易的监督与管理：审查交易的合法性等。

（四）政府建设监理的内容

1.制定建设监理法规

有关建设监理的各种法规统称为建设监理法规，它包括国家行政机关在建设监理管理活动中、在自己的职权范围内按照法定程序发布的各种规范性文件。根据我国宪法规定，国务院、国务院各行业主管部门、各地方政府有权制定相应的法规，它是实现国家行政管理的主要工具。一切法规都必须从属于国家的法律，同时，一切法规都具有法律效力。对于符合国家法律原则的法规，各方面都必须遵守。

2.依法进行监督管理

政府监督管理包括两个方面：一是对建设监理市场的运行进行监

督管理，包括监理单位资质管理、监理工程师资质管理及监理业务交易等合法性监督；二是对工程项目建设过程行为的监督管理，包括工程建设可行性、工程设计标准、施工行为的合法性等。

（1）建设市场监理，主要包括以下方面：

第一，按照建设市场管理法规，审核建设单位是否具备发包工程和工程招标的资质，审核工程设计单位是否具备承担相应的工程设计任务的资质，以及审核施工单位是否具备投标和承包相应工程的资质。对于不够相应资质等级者，不准其承担不相适应的工程设计或施工任务，并依法对违规者进行处理。

第二，按照建设监理规定对社会监理单位进行监督管理，包括：对社会监理单位的资质管理，审查建设监理单位成立时是否符合成立的标准；考核与认证社会监理单位监理工程师的资格；审定社会监理单位资质等级和划定其监理业务范围等；为工商行政管理机关确认营业资格和颁发营业执照提供依据等。

第三，按照工程招标投标和工程合同法规规定的程序和方式，监督业主、设计、施工单位依法进行工程招标投标与选标定标、商签工程合同，并对违规者依法进行处理。

第四，按照工程概预算定额和收费标准、工程概预算编制办法、工程标底编制办法和有关标价的规定，监督各类工程建设的承、发包价格，监督工程合同的履行和工程款的结算，并对违规者依法进行处理。

（2）工程项目建设监理，主要包括以下方面：

第一，按照工程设计标准，审查各项工程设计，避免浪费。目前，我国一方面强调工程设计单位"为国家把关"；另一方面，由工程项目所属的政府专业建设管理部门的基本建设管理机构或设计管理机构、工程管理机构进行监督。

第二，按照防火、安全、卫生等建设技术标准审查各项工程设计是否符合消防、防爆和坚固的要求。这种监督，目前只有少数城市政府建设主管部门设有专门的设计监督机构统一执行，多数工程设计是由设计单位自行执行。

第三，按照国家规定的基本建设程序、工期、国家建设计划、开工条件和竣工验收的规定，审查各项工程建设施工的开工准备（包括施工图、资金、材料设备、施工单位、外部协作条件的落实），审批开工和竣工报告，进行工程竣工验收。目前，这类监督工作由工程项目所属的政府专业建设管理部门的施工或工程管理机构进行。

第四，按照工程建设施工规范和质量验评标准检查与监督各项工程建设的施工质量，保障其使用功能和使用寿命。这类监督工作由政府建设主管部门的质量监督站进行。

第五，按照施工安全法规和安全规范检查与监督施工安全防护设施和安全管理措施，保障施工人员的人身安全和施工设备的安全。目前，我国有的政府建设主管部门由安全监督站进行检查与监督，有的由其安全监督员来进行检查与监督，有的由工程质量监督站进行检查与监督，水利水电工程由安全与质量监督站进行检查与监督。

二、工程建设监理

（一）工程建设监理的概念

工程监理也就是人们常说的社会建设监理，也就是符合资质的单位对某些工程进行受托监理，主要考察工程是否符合国家的法律法规，合同的书写内容是否符合合同法的规定，是否存在阴阳合同的情况，同时也需要对工程进行系统化、专业化的建设监理。工程监理创新了工程建设的形式，达到了投资效益最大化，也带来了良好的社会效益。

我国社会建设监理单位按其规模可划分为甲、乙、丙级；按其专业可划分为综合型和专业型两种。其中，专业型又可分为工业与民用建筑、公路交通工程、水利工程、水利水电工程、火力发电工程，共五个等级、送变电工程等专业。监理单位资质分为水利工程施工监理、水土保持工程施工监理、机电及金属结构设备制造监理和水利工程建设环境保护监理四个专业。其中，水利工程施工监理专业资质、水土保持工程施工监理专业资质、机电及金属结构设备制造监理专业资质分为甲级、乙级两个等级，水利工程建设环境保护监理专业资质暂不分级。

监理单位的监理内容，既可以是项目建设的全过程，又可以是其中的一个或多个阶段。项目法人（业主）根据工程项目的特点，既可以委托一个社会监理单位对项目建设全过程进行监理，又可以委托多个监理单位对项目的不同阶段或不同部位的建设实施监理。

1.监理单位的资格等级

（1）甲级。

1）监理单位有健全的组织机构、完善的组织章程和管理制度。监理单位的法人代表和技术负责人具有高级专业技术职称、取得水利工程建设监理工程师资格并经注册上岗。

2）技术力量雄厚。取得水利工程建设监理工程师资格证书并获准在监理单位注册的工程技术、经济和管理人员不少于50人，且专业配套。具有高级专业技术职称人员不少于10人，其中高级经济师（或从事工程经济且具有高级职称）应不少于3人。

3）具有四年以上工程建设监理经历，承担过一个以上大型或两个以上中型水利工程项目的建设监理工作。

4）能运用现代工程技术和科学管理方法完成工程监理任务。具有计算机应用能力，能系统应用计算机开展监理业务。有固定的工作场所和先进齐全的技术装备（如检测、测量设备等）。

5）注册资金不少于100万元。

（2）乙级。

1）监理单位有健全的组织机构、完善的组织章程和管理制度。监理单位的法人代表和技术负责人具有高级专业技术职称、取得水利工程建设监理工程师资格并经注册上岗。

2）技术力量较强。取得水利工程建设监理工程师资格证书并获准在单位注册的工程技术、经济和管理人员不少于30人，且专业配套。具有高级专业技术职称人员不少于6人，其中高级经济师（或从事工程经济且具有高级职称）应不少于2人。

3）具有二年以上工程建设监理经历，承担过两个以上中型水利工程项目的建设监理工作。

4）能运用先进技术和科学管理方法完成工程监理任务。具有计算机应用能力，能较好地应用计算机开展监理业务。有固定的工作场所，配备较齐全的技术装备（如检测、测量设备等）。

5）注册资金不少于60万元。

（3）丙级。

1）监理单位有健全的组织机构、完善的组织章程和管理制度。监理单位的法人代表和技术负责人具有高级专业技术职称、取得水利工程建设监理工程师资格并经注册上岗。

2）有一定的技术力量。取得水利工程建设监理工程师资格证书并获准在单位注册的工程技术、经济和管理人员不少于10人。具有高级专业技术职称人员不少于 3 人，其中高级经济师（或从事工程经济且具有高级职称）应不少于 1 人。

3）承担过一个以上中型或两个以上小型水利工程项目的建设监理工作。

4）能运用先进的技术和科学管理方法完成工程监理任务。能应用计算机辅助完成工程监理业务。有固定的工作场所和一定的技术装备。

5）注册资金不少于 30 万元。

2．监理单位的业务范围

甲级单位可以承担各类水利工程建设监理业务。

乙级单位可以承担大（2）型及其以下各类水利工程建设监理业务。

丙级单位可以承担中小型水利工程建设监理业务。

（二）工程建设监理的内容

工程建设监理应包括工程建设决策阶段的监理、工程建设设计阶段的监理和工程施工阶段的监理三大部分。

1．工程建设决策阶段的监理

工程建设的实施与政府有着密切的关系，在整个过程中人发挥着巨大的作用，这也说明了在工程建设的决策监理中起主要作用的是业主，也是政府，二者其中之一委托监理机构选择决策咨询单位，并与之签订咨询合同。在合同履行的期间内，随时监督咨询单位的合同履约进度和执行力度，并且对咨询意见进行合理的评估。工程建设决策阶段监理的主要内容有以下方面：

（1）对投资决策进行监理。投资决策监理的主体，也就是委托方的身份并不是固定的，业主、金融机构、政府都有可能，而监管的主要任务就是：①根据委托方的要求，选择合适的投资决策咨询单位，协助委托方进行合同筛选，最后顺利签订合同书；②对于合同的实行力度进行监管；③对委托方的咨询意见进行合理评估，并出具最准确的监理报告。

（2）对工程建设立项决策进行监理。工程建设立项决策监理的主要工作内容就是预测拟建工程项目未来的建设规模，以及是否有充分的建设必要性和可行性。这一阶段监理的主要内容包括：①在委托方提出的要求之下，选出最合适的工程建设立项决策咨询单位，并运用一定的专业知识，判断是否可以直接签订合同；②对管理立项决策咨询合同的实施进度进行监管；③评估立项咨询方案是否可行，并出具相应的监理报告。

（3）对工程建设可行性研究决策进行监理。也就是对于建设的可行程度进行研究决策，提出正确的监理方案。其主要内容有：①寻找符合委托方要求的工程建设可行性研究单位，发挥谨慎性的决策能力，与之签订可行性研究合同书；②对可行性研究合同的实施程度进行监督；③评估可行性研究报告的价值所在，并出具监理报告。

2.工程建设设计阶段的监理

（1）工程建设设计阶段，是工程项目建设进入实施阶段的开始。工程设计通常包括初步设计、扩大初步设计、施工图设计或招标设计等阶段。在进行工程设计之前还要进行勘察（地质勘察、水文勘察等）。在工程建设实施过程中，一般把勘察和设计分开来签订合同。但也有将勘察工作交由设计单位，设计单位委托有资质的承包商受理（勘察），业主与设计单位签订工程勘察设计合同。

这一阶段监理的主要内容有：①编制工程勘察设计招标文件；②协助业主审查和评选工程勘察设计方案；③协助业主选择勘察设计单

位；④协助业主签订工程勘察设计合同书；⑤监督管理勘察设计合同的实施；⑥核查工程设计概算和施工图预算，验收工程设计文件。

（2）工程建设勘察设计这一阶段主要涉及工程进度的勘察、工程质量的检查、投资方式的检测几方面的监督管理。总体上就是根据勘察设计任务批准书编制勘察设计资金使用计划、勘察设计进度计划和设计质量标准要求，加上勘察设计单位的良好配合，把业主的建设意图最大限度地表现出来；同时在工作过程中分阶段地对勘察设计工作进行跟踪检查；最后，在设计全部完成后还需要进行一次大规模的全面审查。

审查的主要内容包括：①设计文件的内容是否存在不规范性、设计工艺是否存在不先进性与不科学性、设计结构是否存在不安全性、设计标准是否存在不适宜性以及设计后是否可以正常地进行施工等；②设计的大概花费情况是否合理以及业主是否允许其他的消费支出，如果已经超过了投资限额，在没有经过业主同意可以额外支出的情况下，要修改设计方案；③在审查上述两项的基础上，对设计合同的整体执行情况进行监督审查，经过一系列的敲定以后，核定勘察设计的最终费用。

3.工程建设施工阶段的监理

在一整段工程的建设过程中，建设施工是主要阶段，它主要包括施工招标、施工和竣工后工程保修三方面。建设施工是工程建设的最后一步，是产品最终形成的重要阶段。施工阶段要确保各方面工作的最佳状态，尤其要克服的是环境对产品的影响，有些恶劣的环境影响在后期很难去更改。因此，这一阶段的监理工作尤其重要，其主要内容有以下方面：

（1）针对工程施工图的设计与制定做出合理的预算（如标底）。

如果出现工程总包单位承担施工图设计的情况时，监理单位的责任就更为重大，一定要把对施工图设计和施工图预算的审查工作落到实处。一般来说，招标标底包括在招标文件中，但是也有特殊情况出现，比如有的业主会另行委托编制标底，此时就需要监理单位重新监管和审查。

（2）帮助业主完成招标的相关事项，包括招标、开标、评标三个方面，在此过程中综合考虑各方面，对业主的中标单位提出合理的建议，同时在招标成功以后，协助业主与中标单位签订工程施工合同书。

（3）对工程项目建设的现场进行仔细勘察，确保无误后，向承包商办理移交手续。同时对承包商选择的分包单位也要进行审查、确认，以减少工程上的失误。

（4）结合施工的各方面情况，制定准确合理的总体施工规划，再根据工程的特点和注意事项，审查承包商施工组织的设计和技术方案，提出适宜的修改意见，完成这些后，以最快的速度下达单位工程施工开工令，达到效率的最优化。还需要审查承包商的建筑材料、建筑构配件和设备的采购清单是否合理，检查工程使用的材料、构件、设备的规格和质量是否达标，检查施工技术措施和安全防护设施是否到位。

（5）对于业主或设计单位，或施工单位提出的设计变更有良好的沟通能力，经过协商之后得到一个最完美的处理结果。

（6）对工程施工合同的履行程度进行监督管理，针对合同条款变更的情况，结合双方的要求进行协商调解，平息争议，提出合理的解决方案，处理好索赔事项。

（7）对完成的工程量进行检查，对一些分部分项的系统性工程进行验收，签署工程付款凭证。提醒承包商将施工有关的全部文件进行整理，做好归档准备工作。参与工程竣工的预验收，并结合实际情况，签署监理意见，之后对工程检查进行最终结算。

（8）将整理好的监理档案资料提交给业主。

（9）完工以后，在规定的工程质量保修期限内对工程进行定期检查，主要对工程质量状况进行检测，如果出现质量问题，找到责任单位，督促其尽快维修。

第二章　水利水电工程项目进度监理

第一节　工程项目进度控制基本认知

一、工程项目进度管理的意义

"水利水电工程项目管理中，进度管理是极为重要的部分，对施工工期、效果均有很大影响。"[①]进度管理在建筑工程管理工作中占有重要地位，因此，需要提高进度管理的质量，既能保证建筑工程的建设进度还能在一定程度上节约工程建设单位的成本。综合来看，工程建设和企业的发展都明显受建筑工程进度管理的影响，我们理应在这一方面倾注更多注意力。在进度管理过程中，工程管理人员要多方面考虑，协调好工程建设的各种资源。

（一）保障经济效益

我国城市化建设的快速发展，使得我国工程建设行业呈现出一种多样性的发展趋势，为工程建设多样性提供了更多创造可能。但同时也带来了一些不利影响，给工程的进度管理提出新的考验。越来越激烈的建筑市场竞争推动着企业进行更严格的管理，只有通过严格管理才能有效降低企业成本，保证企业长远发展。降低企业成本可以通过工程进度管理来实现。

施工工程项目的特点包括：总体施工体量大、施工环节多、工艺各有不同。要想促进工程建设有序进行，需要对工程的每一个环节进

---

① 卢开全.水利水电工程项目进度管理［J］.城市建设理论研究（电子版），2015，5（33）：3289.

行严格管理，避免因出现问题对工程施工造成不利影响。一般来说，需要按天计算人工成本和机械设备的成本，有效控制施工周期将大大降低工程建设成本。高质量的进度管理能带来积极的影响，比如，有效控制工程进度，降低工程成本，从而带来更多效益。

1.有效控制施工成本

合理科学的进度管理计划方案，可以使施工方的资源配置体现出优化、可行等诸多优势，进而能够促进施工方资金利用效率的提升，并促进其经济效益的提升。值得注意的是，在建筑工程施工作业开展期间，会涉及人力资源、物力资源、财力资源的投入及平衡等问题。而对于施工方来说，则需重视各项管理工作的强化，比如做好进度管理工作，使施工项目当中各项资源得到合理科学的分配、管理，使各项资源得到合理科学控制，进一步使建筑工程项目施工成本得到有效控制。

2.有效控制施工工期

在建筑工程管理中，进度管理最为直接的价值作用，便是使施工项目的进度得到有效控制。建筑工程项目在施工作业开展之前，会制定施工计划方案，明确施工工期。以施工方和业主方的合同为依据，若未能按照施工工期计划目标完成施工作业，则需履行合同相关条例，进行相关赔偿及协商事宜。而加强进度管理，则可以使建筑施工过程各项作业、人力、物资得到合理科学调配，在保证施工作业顺利、有序开展的基础上，进一步使工程项目在预定工期范围内完工，进而使工程项目施工工期得到有效控制，使施工双方达到"双赢"的目标。

3.有效保证经营效益

对于施工企业来说，参与水利水电施工工程项目，需要达到可观的经济效益，这样施工作业项目工作的开展才具备实效性意义。然而，因建筑工程项目通常存在复杂程度高、工序繁多、技术工艺要求高等鲜明特点，如果未能加强施工管理细节工作，则易引发施工质量安全隐患问题，不利于建筑施工企业经营效益的提升。在加强进度管理的基础上，以进度管理制度为依据，加强各个施工作业环节的质量监督及安全监督，则可以保证各环节施工作业的质量及安全性，进一步使建筑施工企业的经营效益得到有效保证。

（二）提升施工质量

施工中最重要的就是工程质量，也影响着工程后期的使用效果。进度管理对建筑工程质量意义重大，推动工程不同施工环节有序进行，保证工程施工周期，从而保证每一个环节的质量。合格的质量是工程建设继续开展的前提。现阶段，精细化管理理念在各行各业中渗透，建筑行业也不例外，实现精细化管理必须加强工程进度管理。将精细化管理与进度管理相结合成为一种新型的进度管理模式，严格把控工程施工的细节，提升细节的施工质量，高效调度资源，大大增强工程建设的整体效果。高质量的进度管理还可以约束施工人员的行为，激发他们的工作干劲，保证施工的质量和效率。

二、工程项目进度管理的应用

"水利水电工程项目的进度管理，是水利水电工程项目管理的重要组成部分，也是影响到工程施工期和施工效果的关键环节。"[①]进度管理在建筑工程管理中的应用价值意义显著。而从工程管理工作效率及质量提升角度考虑，还需要掌握进度管理的具体应用要点。总结起来，具体应用要点如下：

（1）明确施工进度管理应用方法。要想提升进度管理在工程管理

---

① 杜旻昊.水利水电工程项目进度控制探讨［J］.科学与财富，2016（Z1）：280.

中的应用效果，需明确施工进度管理应用方法及途径，即：以建筑工程项目的具体内容及实际情况为依据，结合类似项目的进度组织情况，制定合理科学的进度管理计划方案。同时，基于施工进度管理方法确定过程中相关工作人员需针对管理项目进行假设分析，对其中可能引发的问题进行预判分析，并通过小组会议讨论等方式，提出相关解决对策。并且，还有必要对工程项目相关数据资料进行采集、整理分析处理，对工程进度管理潜在的不足深入分析，并及时改进。

此外，对于建筑工程项目监督管理人员，则需加强人力、物力、资金等多项资源的监督管理，结合施工现场实际情况，通过对比分析、改进优化等方法，使进度管理方案更具合理性及科学性，进一步保证进度管理的效率及质量。

（2）加强施工现场组织管理。建筑施工项目施工现场复杂程度高，且存在外界环境及人为等相关影响因素，考虑到进度管理的质量及安全性，需加强施工现场组织管理。一方面，对于进度管理工作人员来说，需以施工现场的实际情况为依据，对施工人员工作、材料、资金进行合理调配，确保施工作业能够顺利、有效开展，避免发生因赶工期而出现施工质量隐患问题；另一方面，确保施工项目分工明确，严格监督施工人员的安全作业行为，以制定好的施工计划方案为依据，严格实施，确保施工的进度符合预设目标。

（3）严格落实进度责任制。施工方需严格落实进度责任制，对各项工程项目施工人员的工作职责加以明确，联合绩效考核制度及奖惩制度，规范、约束施工人员的施工行为，并使施工人员对待项目施工作业责任意识及积极性的提升，进而保证施工的质量效益。此外，需对分项工程进度管理加以优化，结合各分项工程的实际情况，深入分析研究，制定合理科学的进度管理方案，结合分项工程的现场实际情况及分项工程特点，加强分项工程监督管理，确保分项工程施工的质量及安全性，进一步促进整体项目工程质量效益的提升。

综上所述，为了加强工程项目进度管理工作，需对施工进度管理应用方法加以明确，并加强施工现场组织管理，进一步严格落实进度责任制，优化分项工程进度管理等，以此使工程管理的效率及质量得到有效提升，并为建筑工程企业经济效益、社会效益的提升奠定坚实的基础。

（4）加强人员综合管理。正式开展工程项目管理工作前，需指派专业人员对合同中的要点内容予以综合分析，考察工程施工的地势地貌、气候条件以及工期安排等。在此基础上，对所需的施工材料、人力资源、物力资源等核心要素进行详细准确的预算，完成工程施工进度表的制定工作，为人员综合管理的有效落实提供必要指导。借助于图形对比法对各环节具体作业进度予以检查，然后对现有的人力资源进行合理化配置，以充分发挥人力优势。在现场施工阶段，工人不仅需要熟悉所用的技术工艺，还应具备一定的应急处理能力，树立质量进度管理意识，提高作业能动性。

（5）提升施工设备管理水平。推进施工工作的稳步落实，还需要对各项施工设备予以科学管理。引入计算机信息技术构建相应的管理软件，将现有的设备管理制度加以完善，这些方法都是提高工程施工设备管理水平的有效途径。

（6）严格把控施工材料质量。对施工材料质量情况的切实把控，需贯穿于工程建设的整个过程，满足各施工工序的材料供应需求，科学安排整体作业进度。做好抽样检测工作，获得完备的报检资料，为材料质量管理提供有价值的参考依据。仓储管理也应由专人负责，避免外部环境因素对材料使用性能造成不良影响。

三、工程项目进度监理的基本原则

（一）公正、独立、自主的原则

监理工程师在建设工程监理中必须尊重科学、尊重事实，组织各方协同配合，维护有关各方的合法权益。为此，必须坚持公正、独立、自主的原则。业主与承建单位虽然都是独立运行的经济主体，但他们追求的经济目标有差异，监理工程师应在按合同约定的权、责、利关系的基础上，协调双方的一致性。只有按合同的约定建成工程，业主才能实现投资的目的，承建单位也才能实现自己生产的产品的价值，取得工程款和实现盈利。

（二）权责一致的原则

监理工程师承担的职责应与业主授予的权限相一致。监理工程师的监理职权，依赖于业主的授权。这种权力的授予，除体现在业主与监理单位之间签订的委托监理合同之中，而且还应作为业主与承建单位之间建设工程合同的合同条件。因此，监理工程师在明确业主提出的监理目标和监理工作内容要求后，应与业主协商，明确相应的授权，达成共识后明确反映在委托监理合同中及建设工程合同中。据此，监理工程师才能开展监理活动。总监理工程师代表监理单位全面履行建设工程委托监理合同，承担合同中确定的监理方向业主方所承担的义务和责任。

因此，在委托监理合同实施中，监理单位应给总监理工程师充分授权，体现权责一致的原则。

（三）总监理工程师负责制的原则

总监理工程师是工程监理全部工作的负责人。要建立和健全总监理工程师负责制，就要明确权、责、利关系，健全项目监理机构，具有科学的运行制度、现代化的管理手段，形成以总监理工程师为首的高效能的决策指挥体系。

（四）严格监理、热情服务的原则

严格监理，就是各级监理人员严格按照国家政策、法规、规范、标准和合同控制建设工程的目标，依照既定的程序和制度，认真履行职责，对承建单位进行严格监理。

监理工程师还应为业主提供热情的服务，应运用合理的技能，谨慎而勤奋地工作。由于业主一般不熟悉建设工程管理与技术业务，监理工程师应按照委托监理合同的要求多方位、多层次地为业主提供良好的服务，维护业主的正当权益。但是，不能因此而一味向各承建单位转嫁风险，从而损害承建单位的正当经济利益。

第二节　网络计划技术及其优化分析

一、网络计划技术的基础

网络图的优点包括：全面、明确地表达各项工作开展的先后顺序，反映各项工作之间的相互制约和依赖关系；进行各种时间参数的计算；便于找出决定工程进度的关键工作，抓主要矛盾，确保工期，避免盲目施工；便于在许多可行方案中，选出最优方案；预见变化对整个计划的影响程度，进行调整，保证对计划有效控制与监督；便于按照进度，调配人力、物力，降低成本；方便计算机管理。

（一）工作

工作也称过程、活动、工序，分为以下三种：

（1）需要消耗时间和资源，是实际存在的工作。

（2）只消耗时间而不消耗资源（如混凝土的养护），是实际存在的工作。

（3）既不消耗时间，也不消耗资源，是人为的虚设工作，只表示相邻前后工作之间的逻辑关系，通常称其为"虚工作"，以虚箭线表示，其表示形式可垂直向上或向下，也可水平方向向右，如图2-1所示。

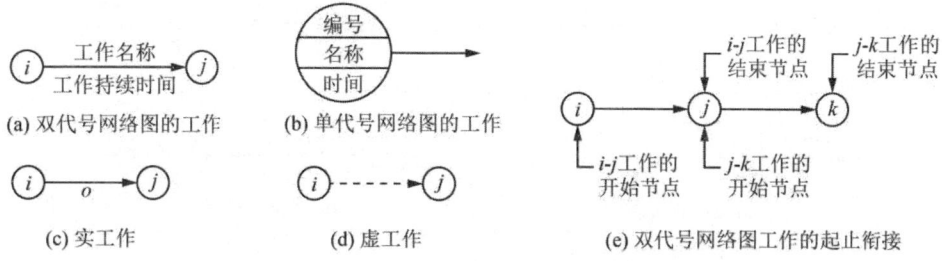

图 2-1 各种工作的表示方法和衔接

（二）节点

节点也称结点、事件。

在双代号网络图中，在箭线的出发和交汇处画上圆圈，用以标志该圆圈前面一项或若干项工作的结束，和允许后面一项或若干项工作开始的时间点，称为节点。节点不同于工作，它只标志着工作的结束和开始的瞬间，具有承上启下的衔接作用，而不需要消耗时间或资源。表示整个计划开始的节点，称为网络图起点节点，整个计划最终完成的节点，称为网络图终点节点，其余称为中间节点。

（三）节点编号

给每一个节点编号，便于计算网络图的时间参数和检查网络图是否正确。习惯上从起点节点到终点节点，由小到大编号，每项工作，箭尾的编号一定要小于箭头的编号。节点编号有以下方法：

（1）根据编号方向不同，沿着水平方向进行编号，沿着垂直方向进行编号。

（2）根据编号数字是否连续，可分为连续编号法（即按自然数的顺序进行编号）和间断编号法（一般按奇数或偶数的顺序来进行编号）。

采用非连续编号，可以适应计划调整，增添工作，留有余地。

节点编号法如图2-2所示。

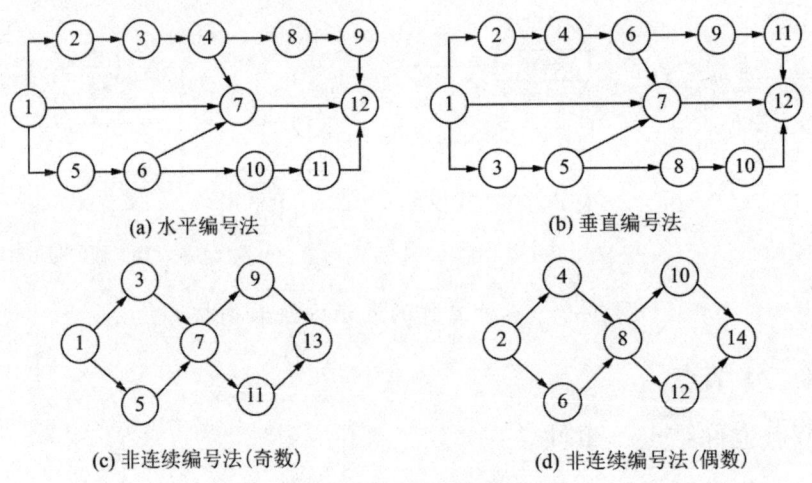

图 2-2　节点编号法

（四）线路

网络图中从起点节点开始，沿箭线方向连续通过一系列箭线与节点，最后到达终点节点的通路称为线路。

每一条线路都有自己确定的完成时间，它等于该线路上各项工作持续时间的总和，也是完成这条线路上所有工作的计划工期。

工期有计算工期、要求工期和计划工期三种。

二、双代号网络图的绘制

在绘制双代号网络图时，一般应遵循以下基本规则：

（1）网络图的节点用圆圈表示，节点编号严禁重复，可以间断，保证箭尾节点编号小于箭头节点编号。

（2）网络图必须按照已定的逻辑关系绘制。

（3）网络图中严禁出现循环回路。

（4）网络图中的箭线（包括虚箭线，以下同）应保持自左向右的方向绘出。

（5）网络图中严禁出现双向箭头和无箭头的连线。

（6）网络图中严禁出现没有箭尾节点的箭线和没有箭头节点的箭线。

（7）严禁在箭线上引入或引出箭线。当网络图的起点节点有多条箭线引出（外向箭线）或终点节点有多条箭线引入（内向箭线）时，可用母线法绘图。

（8）应尽量避免网络图中工作箭线的交叉。当交叉不可避免时，可以采用过桥法或指向法处理。

（9）网络图中应只有一个起点节点和一个终点节点。

部分不正确的绘制图及其正确的绘制图如图 2-3 所示。

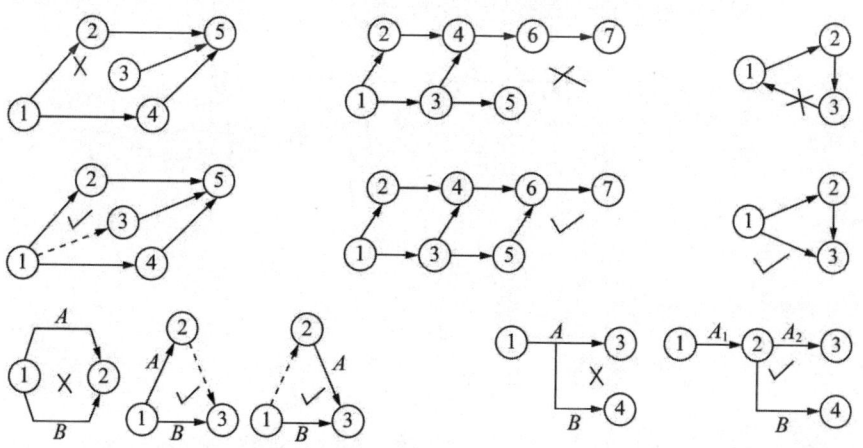

图 2-3　部分不正确的绘制图及其正确的绘制图

绘制网络图时必须符合三个条件：第一，符合施工顺序的关系；第二，符合流水施工的要求；第三，符合网络逻辑连接关系。

　　一般来说，对施工顺序和施工组织上必须衔接的工作，绘图时不易产生错误，但是对于不发生逻辑关系和衔接的工作就容易产生错误。遇到这种情况时，采用虚箭线加以处理。用虚箭线在线路上隔断无逻辑关系的各项工作，这种方法称为"断路法"，如图 2-4 所示。

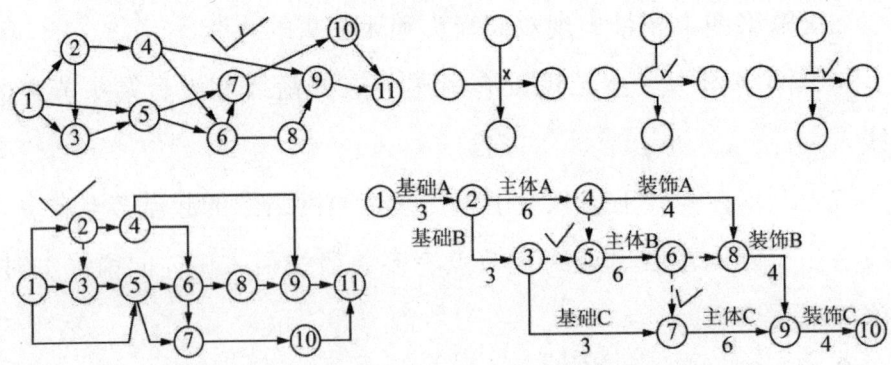

图 2-4　网络图的恰当绘制方法

　　网络图根据需要，可以按施工段、工种、楼层等不同方法，加以排序，以便于观察控制，如图 2-5 所示。

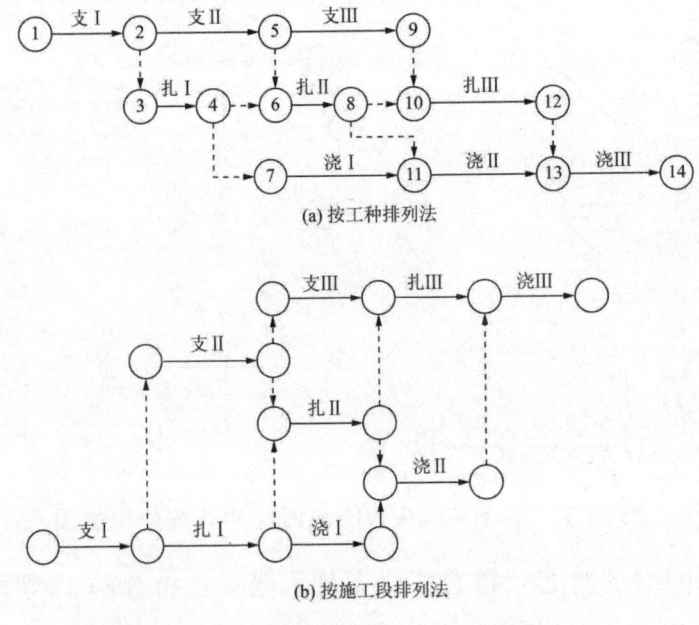

图 2-5　网络图的不同排列方法

三、网络计划技术的优化

通过从工期、费用及资源需要量三方面，对控制性进度计划加以优化、实施，是提高经济效益的关键。

网络计划的优化，就是在满足既定的约束条件下，按某一目标对网络计划进行不断检查、评价、调整和完善，以寻求最优网络计划方案的过程。

网络计划的优化有工期优化、费用优化和资源优化三种。费用优化又叫时间成本优化；资源优化分为资源有限——工期最短的优化和工期固定——资源均衡的优化。

（一）工期优化

工期优化是在网络计划的工期不满足要求时，通过压缩计算工期以达到要求工期目标，或在一定约束条件下使工期最短的过程。

（1）优化途径。优化途径主要包括：①将关键工作分解，组织平行作业或平行交叉作业；②压缩关键工作的持续时间，从资源上压缩，从非关键工作上抽调资源，支援关键工作，缩短关键工作的持续时间，从计划外抽调资源，支援关键工作，缩短关键工作的持续时间；从技术上压缩，主要是进行技术改革，改进施工工艺、引进先进设备，缩短关键工作的持续时间。

（2）压缩工作，包括两个原则：一是潜力最大原则，选择压缩潜力最大的工作，即容易大幅度压缩的工作；二是代价最小原则。

其中，代价最小原则，可以考虑的因素包括：①缩短持续时间对质量和安全影响不大的工作；②有充足备用资源的工作；③缩短持续时间所需增加的费用最少的工作。一般根据①、②将关键工作划分成不同的优先级别，在此基础上，按③选择优先压缩的工作。

在压缩过程中要特别注意，当缩短关键工作线路时，会使一些时差小的非关键工作线路变为关键工作线路。这时要反复进行。继续缩短新关键线路上关键工序的作业时间，逐次逼近，直到满足要求的合同工期为止。

（二）费用优化

在一定范围内，工程的施工费用随着工期的变化而变化，在工期与费用之间存在着最优解的平衡点。费用优化就是寻求最低成本时的最优工期及其相应进度计划，或按要求工期寻求最低成本及其相应进度计划的过程。因此，费用优化又叫"工期——成本"优化。

（1）工期与成本的关系。工程的成本包括工程直接费和间接费两部分。直接费用是指直接用于建筑工程上的人工费、材料费、建筑机械使用费等，它主要是由建筑工程的各工序的直接费用构成。间接费用主要指组织和管理建筑工程施工的各项经营管理费，如机关工作人员工资、行政办公费、职工福利与教育经费、银行贷款利息等。在一定时间范围内，工程直接费随着工期的增加而减少，而工程间接费则随着工期的增加而增大。

（2）加快项目进度的方法包括：①提高现有资源的生产率；②改变施工活动的工作方式，一般通过改变使用的技术或者资源的类型来实现；③增加项目资源的数量，包括人力和设备。

（三）资源优化

资源优化是通过改变工作的开始时间，使资源按时间的分布，符合优化目标。

（1）资源有限——工期最短优化。"资源有限——工期最短"是在满足资源限制条件下，通过调整计划安排，使工期延长最少的优化。一般可按下列步骤进行：

第一，绘制时标网络计划，并计算每个单位时间的资源需求量。

单位时间资源需求量等于平行的各个工作资源强度之和（各工作的单位时间资源需求量）。

第二，从计划开始之日起（从网络起始节点开始到网络终点节点），逐个检查每个时间段的资源需求量，是否超过所能供应的资源限量如果出现资源需求量，超过资源限量的情况，则要对资源冲突的诸工作按新的顺序安排，采用的方法是将一项工作安排在另一项工作之后开始，选择的标准是使工期延长最短。一般调整的次序为：先调整时差大的、资源少的（在同一时间段中调整工作的资源之和小的）工作。

资源有限——工期最短优化，是通过调整计划安排，以满足资源限制条件，并使工期延长最少。

（2）工期固定——资源均衡。工期固定——资源均衡，是通过调整计划安排，在工期保持不变的条件下，使资源尽可能均衡的过程。可用方差或标准差来衡量资源的均衡性。方差越小越均衡。"工期固定——资源均衡"优化主要包括以下步骤：

第一，绘制时标网络计划并计算每天资源需求量。

第二，确定削峰目标，削峰值等于单位时间需求量的最大值减去一个需求单位。

第三，从网络终点节点开始向网络始点节点优化，逐一调整非关键工作（调整关键工作会影响工期），调整的次序为先迟后早，相同时调整时差大的工作，如再相同时调整后资源接近于平均资源的工作。

第四，按下式确定工作是否调整，即

$$R_t + r_{ij} - R_n \leqslant 0 \qquad (2-1)$$

式中：R_t——资源需求量；

r_{ij}——调整工作的资源量；

R_n——工作调整前该工作开始第一天的资源量。

第五，绘制调整后的网络计划图，并计算单位时间资源需求量。

第六，重复第二至第五步，直至峰值不能再调整为止。

第三节　工程进度监理的控制措施

一、工程进度监理的组织措施

（1）建立进度控制目标体系，明确建设工程现场监理组织机构中进度控制人员及其职责分工。

（2）建立工程进度报告制度及进度信息沟通网络。

（3）建立进度计划审核制度和进度计划实施中的检查分析制度。

（4）建立进度协调会议制度，包括协调会议举行的时间、地点，协调会议的参加人员等。

（5）建立图纸审查、工程变更和设计变更管理制度。

二、工程进度监理的技术措施

（1）审查承包商提交的进度计划，使承包商能在合理的状态下施工。

（2）编制进度控制工作细则，指导监理人员实施进度控制。

（3）采用网络计划技术及其他科学适用的计划方法，结合计算机的应用，对建设工程进度实施动态控制。

三、工程进度监理的经济措施

（1）及时办理工程预付款及工程进度款支付手续。

（2）对应急赶工给予优厚的赶工费用。

（3）对工期提前给予奖励。

（4）对工程延误收取误期损失赔偿金。

（5）加强索赔管理，公正地处理索赔。

四、工程进度监理的合同措施

（1）推行 CM 承发包模式，对建设工程实行分段设计、分段发包和分段施工。

（2）加强合同管理，协调合同工期与进度计划之间的关系，保证合同中进度目标的实现。

（3）严格控制合同变更，对各方提出的工程变更和设计变更，监理工程师应严格审查后再补入合同文件之中。

（4）加强风险管理，在合同中应充分考虑风险因素及其对进度的影响，以及相应的处理方法。

第三章　水利水电工程施工安全评价与管理

第一节　水利水电工程施工安全评价指标

"在任何社会活动中，安全永远是第一原则，水利水电工程施工也是如此。"[①] 水利水电工程施工安全的指标多种多样，以下将影响安全的指标体系分为四类：人的风险、机械设备风险、环境风险、项目风险。

一、人的风险评价指标

人的风险作为评价水利水电工程的标准之一，在评价标准中占有很重要的地位。在对人的风险进行测评时，需要考虑工程施工人员、工程材料、建筑器械，等等，如果其中一项出现问题就会造成一系列不可估量的后果。

首先，在进行测评时，要严格把控人员的基本素质。工程人员作为直接接触工程的人员，必须注重提高基本素质。基本素质的基本内容包括文化道德素养、施工经验、法制道德教育以及在施工过程中的执行能力。而上述提到的测评点对施工有着很大的影响，如施工人员的道德文化素养，影响着他们对施工方法的认知能力；施工经验影响着工程进度；法制道德教育影响着施工过程中是否存在违规和违法操

---

① 吴建波.浅谈水利水电工程项目安全管理与安全的现状与控制策略［J］.建筑工程技术与设计，2016（26）：978.

作，保证施工向着合理化的方向发展；施工人员的执行能力更是影响着施工的效率和结果，执行能力强，施工效率必定高；反之，则影响施工效率。基于此，公司应完善对施工人员的选拔政策，加强选拔力度，从严审核，同时对公司员工进行安全教育指导和培训，让施工人员在施工过程中充分发挥能力，落实相关政策保证施工质量。

其次，在施工时要加强对人员施工技术的操作规范培训。施工人员上岗前必须进行技能方面的培训，让人员熟知操作规程，并且要对人员的技能进行不定期的考核和检查，对于特定的岗位，如焊接、电气、空气压缩机等，相关人员一定要持相关技能证书才能上岗。

二、机械设备风险评价指标

保证施工安全的另一方面就是正确使用机械设备，正确使用机械设备可以保证施工进行的安全性，保证人员安全。

第一，脚手架工程。脚手架作为机械设备的一种，有自身的优势之处，如面积足够大、操作简单、运输方便，使用起来安全性能高，而且它还有多方面的作用，如可以满足施工过程的需求；可以提高工程质量；可以提高工程进度，等等，此外还能够保障施工人员的人身安全。脚手架之所以具有这么多的作用，是因为它的结构特殊，它有很强的稳定性和牢固性，能够做到在高温高压的环境下保持原样不变形，还可以保持稳定不摇晃、不倾斜。

第二，施工机械器具。施工机械器具的维护在施工过程中尤为重要，在使用前要对机械器具进行检验，检验内容较多，如是否有损坏的机械设备、是否威胁到人员安全、是否会对环境造成污染等。这个过程一定要做到职责明确、分工明晰。

第三，消防安全设施。根据相关的消防规定和要求，配备相应的消防安全设施，做到防患于未然。同时，要定期对消防安全设备进行检查，检查其是否存在安全隐患，是否需要维修和清理。公司要根据具体情况对内部消防设施制定相关的整改计划，制定测评电源、电气和消防器材的测评书。

第四，施工供电及照明。施工场地的配备的电柜和电箱一定要符合相关的安装要求，如保持电线管线和其电路设计保持一致；对于特殊材料管要采用丝接的方式；而电缆和灯具务必要具备防雷的要求。

三、环境风险评价指标

对施工安全作业进行测评，其中施工环境是一项重要的评测内容。环境作为客观存在的事实，它不会随着人的主观性变化而变化，当人们身处较为复杂的环境中时，要尽可能地做好准备，减少由环境对施工造成的不良影响。

首先，关注施工作业环境。良好的施工环境可以促使员工更快更好地进入工作状态，会提高工人的工作效率。相反，会影响人员的施工进度和施工效果，在不经意间还有可能造成严重的意外事故，威胁施工人员的人身安全。

其次，防止物体打击。施工过程中最常见的现象莫过于高空抛物。高空抛物包括人为扔落杂物、施工工具意外滑落、设备造成物料伤人，等等，因此在施工过程中要格外注意周围的环境是否存在安全隐患。

最后，检修施工通道。施工通道作为人员和货物通行的交叉口之一，应该定期检查和维修，防止因疏忽造成的火灾、触电和中毒等问题，而且在建造施工通道时还需要注意周围的环境，避开会造成塌方、泥石流等有问题的地方。安全的施工通道可以最大程度地减少人员伤亡，保持良好的施工秩序。

四、项目风险评价指标

除上述提到的三种测评内容外，还需要对项目的内容进行风险评估。在很多情况下，由于项目本身出现问题而对施工造成的损失也不在少数。

第一，建设规模。建设规模的大小会直接影响到施工的难易程度，当建设规模由小变大时，隐藏的施工危险也随之增大，也就加剧了施工过程中的不安全性，容易造成安全隐患。

第二，周边的地质条件。施工现场的地质条件也会对施工安全造成一定的影响，如不能安全选址，就有可能造成岩溶、断层等问题，从而进一步影响施工安全和施工质量。因此就需要对施工周边的地质条件进行实时的勘察，减少因地质条件的问题给施工方带来的经济损失。

第三，气候环境。在水利水电工程中，很多地方都会影响到施工的进程，如在恶劣的环境下，施工周期会相对延长，以保证工人的施工安全。

第四，周边的地形地貌。我国幅员辽阔，各地地形地貌复杂，如各种盆地、山川、平原等，因此因地制宜地开展水利水电工程是保证施工安全的基础之一。

第五，施工工艺。施工的过程中，都需要依靠大型的机械设备才能顺利完成相应的水利水电工程，而大型设备的工艺较复杂，如果操作不当会对施工人员以及相关人员造成损伤，所以需要加强对施工人员的技能培训，保证施工工艺的成熟度和施工人员的人身安全。

第二节　水利水电工程施工安全管理系统

一、施工安全管理概述

（一）施工安全管理的重要性

"水利水电工程为大型基建项目，其建设周期的安全工作一直是各项工作的重中之重。"[①] 施工企业想要让自己获得的利益实现最大化，就必须要对施工安全管理全面加强，打牢保障基础。当工程建设过程中缺失了安全管理，必将出现问题，从而严重损害公司的利益。所以，安全管理始终紧密联系着工程建设，也紧密联系着建设企业的经济利益。工程的安全管理是社会经济稳定发展的一个重要因素；搞好施工安全管理，确保施工稳步进行，能够切实地保障施工者的生命和财产安全，提高工程质量，进而推动社会经济平稳发展，保证了各种经济活动的正常进行，使施工双方都可以获得最大利益。工程安全管理是促进建设和谐社会的一个必然原因。保证施工安全对维护施工者的生命和财产安全都有利，对维护社会稳定有重大意义。

对于施工项目来说，现场安全管理可以保障工人的生命安全和切身利益，因为一旦出现安全事故，必然会产生一定程度的连锁效应，造成人员伤亡和经济损失，所以要加快施工进度，降低工程质量，降低成本。为此，施工企业要重视安全管理，将安全思想渗透到建筑工程的各方面，从而减少安全事故的发生，实现建筑工程的经济利益和社会利益，实现建筑工程的经济利益和社会利益。为企业的长远发展提供根本保障。

① 邢丹.对水利水电工程项目建设方安全责任的探讨［J］.工程建设与设计，2019（19）：258.

（二）施工安全管理的单位责任

1.施工单位

施工单位是整个建筑项目的直接参与方，对建筑施工安全管理目标的实现具有重要作用。因此，施工单位应当建立符合项目特点的安全管理制度，并安排专人负责安全施工管理。

目前，许多施工单位仍然存在"重产值，轻安全"的现象，施工过程中的安全意识差、管理执行不到位，不利于提高建筑安全管理能力。所以，施工单位应当进一步转变自身的安全管理思想，在制订安全管理方针时，积极坚持"安全第一，预防为主"，在施工过程中实证坚持"重安全，重效率"，全面实现建筑安全管理水平的提升。

2.建设单位

建设单位在建设项目中占主导地位，对工程项目安全管理负有重大责任。建设单位可在多方面、多阶段对建筑工程的安全管理产生影响。例如，选择施工单位、监理单位及分包单位等。

建设单位在挑选施工单位时，应着重关注目标单位对施工安全管理的责任感，并对其专业技术和安全管理进行必要的考察。建设单位积极参与安全管理，有利于减少安全事故的产生，从而改善企业经营状况，因此，建设单位也有充分的主动性推动其他单位进行安全施工协同管理。

3.监理单位

监理单位负责监督施工现场安全施工情况，并对其进行管理。想要更好地对施工作业安全加以保障，监理单位就要进一步提升自身的现场安全管理水平。

监理单位应当实时审查施工方案中的安全技术措施，并判断施工方案是否符合相关法律制度的强制性标准。若查出安全隐患，则应及时通知施工方，敦促其及时采取补救措施；若查出重大安全隐患，则应致函施工方，责令其停工整顿，并将情况如实上报至建设单位，如不整改，向建设行政主管部门汇报。监理工程师在进行施工安全监理作业时，应当对施工现场的安全性进行全面检查，要求施工单位严格执行强制性安全施工标准。

4.分包单位

目前，我国建筑施工的分包情况十分普遍，在建筑安全管理活动中也有重要作用。例如，分包单位为建筑工程提供安全设施及相关施工机械设备，若安全设施或施工设备出现故障，则会大大增加事故风险。因此，分包单位必须严格执行安全管理制度，遵守相应的安全管理规定和标准，保证提供的服务或设施设备符合质量要求，并定期提供安全监测和保养、维修服务。

（三）施工安全管理的主要措施

1.健全安全管理制度与岗位责任制度

企业要正常经营，必须有一套规章制度，那就是生产责任制，只有企业全面实行安全生产责任制，建筑工程的安全管理工作才能顺利进行。企业安全责任机制的建立需要权利、力量和责任三个层面的协同配合。建设工程中，首先要挑选合适的项目经理，由经理全权负责。公司与项目中的所有人员签订相应的责任合同，在合同上详细而精确地写出事故发生后的相应处罚或贡献后的奖励。制定考核制度时，要多角度、多层次地进行考核，提高相关人员的积极性，使全体员工都参与到安全管理中来。并在具体施工中，建立完善的监督制度，严格执行安全生产规章制度，任何人不得以任何理由违反安全生产规章制度，如果企业有安全隐患，则立即停工整改，直至整改合格，方可重新开工。

2.强化施工人员安全意识与职业素质

在施工过程中，会用到大量的人力资源。员工在施工时进行手工操作，会在施工安全方面产生直接影响。对安全事故发生原因进行分析，我们会发现，其往往与施工作业的烦琐性、复杂性紧密相关。因此，公司要在施工前就做好准备，组织相关人员接受严格的、专业的培训，进一步对员工的安全意识进行强化与提升，使其专业素质、专业技能得到全面提高。对员工进行培训时，主要从以下三方面着手：

第一，在培训内容中加入大量实际案例，通过现实中惨痛的教训，使每一名员工能真正深刻地意识到施工事故造成的严重后果，从而切实加深他们的安全意识，让他们今后在施工过程中，对每一个细节的安全都加以重视，尽全力防止安全隐患的产生。

第二，保证从事施工的员工，无论是职业素质还是专业技能都处于合格范畴。要让员工定期接受培训人员的考核，让培训人员针对考核情况分析出存在的问题，帮助员工进行纠正。这样，在未来的施工过程中，员工就能够进一步提升自身工作的准确度，不仅提升了施工的质量，也更好地保障了施工的安全。在经过严格而专业的培训，接受专业人员的分析指导后，一方面，工人在机械操作上会更谨慎、更熟练，从而避免误操作情况的发生；另一方面，当面临突发情况时，工人们也不会慌作一团，不知如何处理，而是能快速、直接地反应，正确、冷静地应对。

第三，在培训中反复强调施工中的各项规章制度，保证每一名员工都能够按照制度要求规范工作，在工作中时刻保持专业、认真的态度；保证他们能够关注施工风险，自觉树立安全意识，防止施工过程中出现安全事故。

3.强化工程施工的安全监督保障机制

在建立了安全管理制度并对其加以完善后，还需要建立相对应的监督机制，以严格监督保障安全管理制度落到实处，避免出现空有制度、没有落实的问题。在对施工进行安全管理的过程中，一定要对安全监督管理予以高度重视，保证监管到位，不能出现安全监管的死角。一旦发现违规操作，必须及时予以制止，还要追究相关责任人的责任，对其给予惩罚。要利用强有力的监督管理，保证各项安全管理制度落地生根，发挥其应有的效用，从而保证在施工安全管理方面取得真正成效。

4.加强项目施工安全方面的宣传工作

对安全宣传工作加以重视，加大安全方面的宣传力度，让安全施工文化渗入建筑施工全过程，渗入施工的方方面面。

一方面，要以安全理念为指引，循序渐进地将施工安全文化构建起来，形成实际工程施工行为特征，系统地对安全施工进行全面梳理，最终形成完整的安全管理理念体系。

另一方面，可以举办一些活动对安全施工进行宣传。例如，设置安全生产月、安全检查日，进一步增强安全施工意识。还要充分发挥安全宣传的教育功能，建立并完善相关机制，将更多的安全知识宣传普及给施工人员、管理人员。同时，要特别注意对特种岗位人员、监管人员和高危工种人员的安全培训，切实保障培训成效，向相关人员反复强调在施工过程中务必严格遵守安全操作章程。要利用好晨会、班会的时间，将施工中发现的或可能存在的安全问题多次强调、总结，让施工安全意识在全体人员脑海中深深扎根，全力保障建筑工程施工得以安全进行。

二、水利水电工程施工安全应急体系

重大安全事故的应急处理，在项目经理或总工程师的领导下，实行项目部领导统一指挥，分级分部门负责。重大安全事故发生后，发生地的工区、单位有关部门负责人先要担负起应急处理第一责任人的职责。

重大安全事故发生时，任何组织和个人都有参加应急救援的义务，都必须服从重大安全事故应急处理指挥部的统一调度指挥。必要时，逐级请求水电站应急救援分队、派出所、政府部门、公安部门、安检部门、应急救援中队、消防中队参加事故的抢救或者给予必要的支援。

水利部设立水利工程建设重大安全事故应急指挥部。

建立工程项目建设质量与安全事故应急处置指挥部。

建立应急救援组织或配备应急救援人员并明确职责。

按事故的严重程度和影响范围，将水利工程建设质量安全事故分为 I 、II 、III 、IV，共四级。对应相应事故等级，采取 I 级、II 级、III 级、IV 级应急响应行动。

事故单位负责人接到事故报告后，应在 1h 内向上级主管单位及事故发生地县级以上水行政主管部门报告，每级上报的时间不得超过 2h。

各级水行政主管部门接到水利工程建设重大安全事故报告后，应当遵循"迅速、准确"的原则，立即逐级报告同级人民政府和上级水行政主管部门。各级应急指挥机构和主要人员应当保持通信设备 24h 正常通畅。

三、水利水电工程项目文明施工标准

为更好地发挥水利工程在国民经济和社会发展中的重要支撑作用，进一步提高水利工程建设管理水平，推进水利工程建设文明工地创建工作，倡导文明施工、安全施工，营造和谐建设环境，水利部组织对《水利建设工程文明工地创建管理暂行办法》（水精〔2012〕1号）进行修订，并印发了《水利建设工程文明工地创建管理办法》。

（1）体制机制健全。工程基本建设程序规范；项目法人责任制、招标投标制、建设监理制和合同管理制落实到位；建设管理内控机制健全。

（2）质量管理到位。质量管理体制完善，质量保证体系和监督体系健全，参建各方质量主体责任落实，严格开展质量检测、质量评定、验收管理规范；工程质量隐患排查到位，质量风险防范措施有力，工程质量得到有效控制；质量档案管理规范，归档及时完整，材料真实可靠。

（3）安全施工到位。安全生产责任制及规章制度完善；事故应急预案针对性、可操作性强；施工各类措施和资源配置到位；施工安全许可手续齐全，持证上岗到位；施工作业严格按相关规程规范进行，定期进行安全生产检查，无安全生产事故发生。

（4）环境和谐有序。施工现场布置合理有序，材料设备堆停管理到位；施工道路布置合理，维护常态跟进、交通顺畅；办公区、生活区场所整洁、卫生，安全保卫和消防措施到位；工地生态环境建设有计划、有措施、有成果；施工粉尘、噪声、污染等防范措施得当。

（5）文明风尚良好。参建各方关系融洽，精神文明建设组织、措施、活动落实；职工理论学习、思想教育、法制教育常态化、制度化，教育、培训效果好，践行敬业、诚信精神；工地宣传、激励形式多样，安全文明警示标牌等醒目；职工业余文体活动丰富，队伍精神面貌良好；加强党风廉政建设，严格监督，遵纪守法教育有力，保证干部安全有手段。

（6）创建措施有力。文明工地创建计划方案周密，组织到位，制度完善，措施落实；文明工地创建参与面广，活动形式多样，创建氛围浓厚；创建内容、手段、载体新颖，考核激励有效。

第三节　水利水电工程项目风险管理体系

一、风险管理的基础

（一）风险管理的定义

风险管理是一种科学的，用来对纯粹风险加以应对的方法。通过对可能存在的损失进行预测，为将这些损失降低到最小而设计一些流程并予以实施；对于那些已经存在的损失，也要对其造成的经济影响进行削弱，将其最小化。所以，风险管理既要在出现风险之前对其进行防范，又要在出现风险之后对其进行处置。具体含义有以下四方面：

（1）风险损失、风险收益共同构成风险管理的对象。

（2）风险管理需要通过一定手段对风险进行识别、衡量，并对其加以分析，从而能够采取合理且有效的措施控制风险、转移风险。

（3）在拥有相应的、最大的安全保障的前提下实现企业更好地发展，是风险管理的目的。

（4）要用最小的成本来换取符合要求、行之有效的安全保障。

总之，风险管理就是采取一定方法对组织运营过程中可能遭遇的内外部对组织利益的危害的不确定性加以预测与分析，有针对性地制订控制措施，并严格落地执行，从而保证获得最大化的组织利益的过程。

（二）风险管理的特征

（1）风险发生的时间是有期限的．不同类别的项目将会面临不同的风险，而在施工项目运营过程中，风险往往只发生于其中的某一时期。因此，在项目中承担风险的一方所负的风险责任往往也是在某一个特定时间段才会产生。

（2）风险管理处于不断变化中。在制订了一个项目的工作计划，明确了它的开工时间，确定其最终目标以及需要投入的费用等内容之后，也必须同时处理好关于这一项目的风险管理规划。同时要注意的是，风险管理需要随着项目发生的变化而变化。例如，项目开工时间推迟，或费用消耗有所改变，那么其可能面临的风险也会有所改变。所以，要及时对变化后的风险进行预测评价，并反应在风险管理规划上。

（3）风险管理要耗费一定的成本。风险分析、识别、归类、评价和控制都属于项目风险管理的不同环节。在对项目进行风险管理的过程中，无论哪一环都需要付出一定的成本。此外，由于风险管理的目的主要是对未来可能会面临的项目发展不利因素或阻碍因素进行消除与缩减，所以，只有在未来，或是等到项目已经完工以后，才能够真正体现出风险管理的获益情况。

（4）风险管理的用途就是估算与预测。不能将风险管理用在发生项目风险后的推诿扯皮、相互埋怨。风险管理正确的用途是，团队之间互相信任、互为依托、彼此帮助，在共同的付出与努力下，对项目发展过程中面临的一系列风险问题进行解决，保证项目顺利开展，保证取得更大收益。

（三）风险管理的目标

预防风险、规避风险、控制风险、处理风险、控制风险，对那些会阻碍项目顺利进行的不利因素进行消除或缩减，以及在确保项目安全的同时尽可能降低有关成本，让费用最小化，为顺利且高效地完成项目提供保障，这就是风险管理的目标。

具体来说，存在两种项目风险管理的系统目标：①为设定于问题发生之前的目标；②为设定于问题产生之后的目标。

（四）风险管理的原则

（1）经济性原则。在对风险管理计划进行制订时，风险管理人员应当设定这样的总目标，即让总成本达到最低。因为进行风险管理时，同样要对成本进行考虑。要采用最为经济，同时也最为合理的处理方式，这样就能够最大限度地降低控制损失所需的费用。风险管理人员制订风险管理计划时，需要科学分析产生的费用和收获的效益，并进行严格的核算，最终既让成本达到最低，也实现项目风险保障目标。

（2）满意性原则。在进行风险管理时，无论投入资源多寡，无论采用何种方法，有一点是不会改变的，那就是项目有着相对的确定性和绝对的不确定性。所以，在对项目风险进行管理的过程中，能够达到要求、令人满意即可，可以有一定的不确定性。

（3）全面性原则。在对风险进行控制的过程中，所采用的方法应当是系统的、动态的，这样能够更大限度地使项目过程中存在的不确定性进行减少。风险管理的全面性原则主要体现在：①在项目开展全过程中，对可能存在的风险进行控制；②对所有可能存在的风险进行管理；③对风险进行全方位的管理；④在风险管理中采取全面的组织措施。

（4）社会性原则。通常来讲，周边地区和其他一切与项目存在关联或者受到项目影响的单位、个人会对项目的影响提出要求，因此，在对项目风险管理计划和措施进行制订时，还要将这部分要求考虑进来。除此之外，在进行项目风险管理的过程中，要时刻注意遵守相关的法律法规，保证项目风险管理全过程都符合法律规定与要求。

二、工程项目危险源的风险管理

（一）重大危险源防范

1.重大危险源防范的要求

（1）具有及时处置危险、及时处置有害物的能力，且应当达到国家所规定的有关安全标准。

（2）能够对事故进行有效地预防与避免。

（3）能够对失误操作导致的危险进行有效地预防与避免。

（4）能够对诸如机械装置失灵等在施工生产过程中有可能出现的风险加以消除，或对其进行削弱。

（5）能够在出现意外事故时，及时且迅速地救助遭遇险情的人员。

2.重大危险源防范的原则

（1）经济原则。在某些情况下，企业眼前的经济利益可能会和安全控制措施相冲突，当出现这种矛盾时，企业必须优先考虑安全控制措施，将其置于第一位。同时，企业应当按照一定等级顺序对安全技术措施进行选择。

首先，在对机械设备进行设计的时候，就应当使其具有安全保障性能，从根源处防止事故的发生。然而，单靠机械设备自身的安全保障，并不能绝对地保证安全生产，因此，还要让作业人员做好防护措施，从而尽全力降低出现危险事故的可能性，减少危险事故带来的影响。防护措施不能单一化，而应当提供多种选择，从而更好地对不同种类安全事故加以应对。除此之外，要将预警保护装置设置在施工现场，当事故发生时，就能第一时间进行预警，正在进行现场作业的人员也能第一时间对事故进行应对，或是在事故还处于"萌芽期"时就将其消灭，或是紧急从危险现场撤离，避免事故造成更严重的后果，切实保障现场作业人员的人身安全。

（2）等级原则。在安全技术措施中制订等级顺序，能够对管理者起到指导作用，帮助他们更加有效地应对风险问题，因此具有必要性。应当对如下原则进行考虑：

第一，消除风险。就当前情况看，在生产工艺方面，很多建筑企业本身就存在不合理现象。从使用的原料来看，其中往往含有大量的有害物质；从生产方面来看，其自动化程度也相对较低。所以，建筑企业要进一步开展技术层面的创新，以及对生产管理加大改革力度，渐渐向自动化生产过渡，实现远程操控，最大程度地让危险因素从源头处消失。

第二，预防风险。"预防为主、防治结合"是对风险进行管理时的基本原则，建筑企业要保证预防措施增设到位、落实到位。例如，增加并使用安全阀等防护装置。

第三，减弱风险。有些安全方面的隐患在施工过程中并不能从根本上杜绝，单纯依靠预防措施难以起到很好的效果。在这种情况下要对危险、危害做到尽可能地降低与减弱。例如，在生产过程中，为有害设备增设局部通风装置。

第四，隔离风险。假设在采取措施对风险进行减弱的过程中遇到困难，就要将危险因素隔离开，使其远离作业人员。例如，在施工的过程中，可以进行远距离遥控操作，这样一旦发生了危险事故，作业人员离危险还有一段距离，也就拥有了能够安全逃离的时间。同时，还要将自救装置配发给作业人员，这样能够进一步保证作业人员的人身安全，安全系数也会有所提高。

第五，安全连锁装置防控风险。对于安全生产而言，采用安全连锁装置有着十分重要的意义。一旦出现人为失误，或者机械设备工作存在临界危险状态，安全连锁装置就能发挥作用，让机械设备自动紧急停下来。这样可以防止机械设备出现错误运行，避免造成相关事故。

第六、风险警告。警示图标、字样等风险警告应当被设置在危险区域内，可以起到提醒作用，让作业人员保持警惕与谨慎，时刻注意安全，避免出现事故。

（3）可操作原则。要从工程实际情况出发，有针对性地制订安全措施，不能直接对其他案例的安全措施进行套用。同时，也要保证所制订的安全措施是可操作的，能够落实到位。在制订安全措施时，还要将经济成本作为考虑因素，让安全措施在经济方面具有合理性。

第一，不同的建筑项目都有着不同的特点，对安全措施进行制订时，必须要针对该项目的特点进行，使安全措施能够真正发挥它应有的功效。此外，危险因素总是随机出现，且彼此之间相互联系，具有很强的不确定性，所以制订安全措施时，要综合多种危险因素进行考虑。相对应的，建筑企业在采取安全措施时，也要对其优化组合，采取综合措施，从而真正达到安全目的。

第二，安全技术措施必须是能够实行的。这里所说的"能够实行"，是从资金方面、技术方面、时间方面进行考虑，同时还要保证其得到有效实施。要尽可能详细地制订容易理解的安全措施，避免晦涩难懂，同时还要对操作程序加以明确，使其更为具体，让工作人员能够顺利地遵守与执行。唯有做到这点，才可能实现对安全措施的预期目的。

第三，经济合理性，指的是不仅要考虑危险因素，还要考虑投入的资金。首先，要保证能够实现安全生产；其次，要在此基础上对成本问题加以考虑，尽可能地进行节约；再次，要对安全措施的操作难度、技术难度进行降低，让作业人员都能落实到位；最后，还要对技术、生产、安全各方面进行综合考虑，从而形成最为优化的资源配置。

（二）动态危险源防范

施工现场具有较为复杂的环境，因此作业人员在进行作业时，也会面临很多不利因素并受到制约。同时，不仅要对施工作业的顺利进行予以保障，还要保障原有建筑的正常使用，并使其处于安全状态。所以，在推进工程项目进度的过程中，也要持续提高并完善施工场地的安全技术。

通过运用动态危险源控制理论来防止产生安全事故，对施工场地的作业人员以及施工场地周边的设施、人员进行实时保护。然而，无论施工部署、安排多么周密，也不能保证施工场地永远都是安全的，因此在施工过程中绝不可以放松警惕。要立足工程实际情况，通过对风险危险源进行辨识、分析、确认，以及监督、控制等全套程序，制订出更为可靠的安全技术对策、措施，全方位保障施工项目的安全。

以下对施工过程中出现的事故与相对应的动态安全控制措施进行重点阐述：

1.高空场所的动态危险源

要将便于维修的扶梯、防护栏杆、安全盖板等安全防护设施设置在高空作业的场所中。在连接各个施工单元的交通梯、操作平台和联通通道，都要增设防滑措施，这是十分必要的。同时，要设立安全网、安全距离，切实对施工人员生命安全予以保护，还要设置相关安全标志，时刻对作业人员进行提示，唤醒其安全意识。要对个人防护设备进行发放，从而更加有效地避免出现高空坠物等事故。

具体的防高空作业事故安全技术防范措施包括：按照相关规定，及时有效地做好变压器和高压线路的防护工作；在相邻塔吊之间保持好合理的高差与距离；统一对多塔作业设置进行指挥；对塔吊司机定期开展安全教育，增强其安全意识。同时，企业要针对部分较为特殊的高空作业所存在的危险因素提出专门的防护措施。

2.施工电气的动态危险源

施工现场电焊往往是造成恶性火灾事故的原因。因为当作业人员焊接钢结构或其他构件时，会产生大量火花，且温度相当高。这些火花一旦接触到可燃物，就会迅速将其点燃，火灾也就随之产生。同时，很多电线都在施工现场杂乱地分布着，非常容易出现短路的情况。当可燃物或者油料碰到短路后产生的电火花，也会导致火灾的发生。

除此之外，造成火灾的另一个重要因素就是高压电的击穿效应。施工现场通常有着很高的工作电压，如果高压电击穿了不导电的器件，其就会具有导电性，很容易发生短路。并且，由于高压电流的存在，无论是对普通闸式开关进行闭合还是断开，都很可能造成高压电弧的出现。这时候，假如周围存在着可燃物，那么火灾就很可能发生。而在阳光、雨水的环境下将电线长期暴露，也很可能会出现短路、漏电问题，造成安全隐患。

所以，不仅要对电力设备的安全进行保障，也要进一步对施工人员的安全意识进行强化，从方方面面对电气事故进行预防，避免发生。

3.设备使用的动态危险源

在使用机械设备时，要按照其技术性能要求，严格地正确使用。如果机械设备的安全装置已经失去功效，必须严禁作业人员对其使用。在调试机械设备和排除故障方面，要选派专业的技术人员予以负责。在机械设备正在运行的情况下，要严禁一切维修、调整、保养的操作行为。应当有专门人员负责，定期保养机械设备。一旦发现有超载的机械设备或"带病运行"的机械设备，要立即使其停止。要对操作人员进行专业培训，确保其已经取得有关操作证件，获得操作许可，否则不能让其对机械设备进行独立操作。

如果在进行施工作业时，在安全措施与运行机械设备之间出现矛盾，施工单位应始终将安全置于首要位置，永远将其放在第一位进行考虑。要先对安全的要求进行满足，然后再考虑机械设备的运行问题。

4.深基坑施工危险源防范

深基坑施工作为工程项目建设中的关键环节，需要明确其重点和难点，并将施工安全监控工作全面落实到位，加强对风险的预防和处理能力，进而保证工程建设与发展。在实际的深基坑施工过程中，水和土是直接影响其施工安全与质量的关键内容，由于岩土的性质较为多变，不仅会使施工受到地质、水文等条件的影响，而且会给施工带来一定的难度。除此之外，随着工程建设规模和建设高度的逐渐增加，深基坑的深度也越来越深。

为了能够提高深基坑施工的安全性和稳定性，需要结合建筑工程项目的实际情况和建设要求，构建专业化、科学化以及标准化的深基坑施工安全监控及风险预警系统，在最大程度上降低外界因素对深基坑施工造成的影响。在深基坑施工安全监控及风险预警系统中，工作流程主要是针对深基坑施工中基坑本体以及周边环境进行监测，收集相关数据，做好以数据为基础的安全评价与风险预测工作，采用现代化技术和手段对其进行分析，并对深基坑施工状态进行评估，一旦发现异常情况，能够及时对其进行预警，降低施工风险。

5.高边坡施工危险源防范

受地理地质及环境影响影响，高边坡在水利水电施工中具较大加固难度，而且高边坡的形成具有普遍性，若不重视加固技术应用，会加大高边坡的事故风险。水利水电施工中，明渠、溢洪道等均需做好边坡处理工作，而高边坡存在失稳可能，如有边坡问题发生，水利水电施工人员应及时处置，还要制定科学边坡加固防护措施，以获得安全、稳定的高边坡结构。

（1）混凝土抗滑结构。

1）混凝土沉井。在水利水电施工中，通过将沉井应用于高边坡，可发挥抗滑、挡土等功效，进而改善高边坡稳定性。沉井结构设计关系其抗滑效果，应当结合其场地、受力等条件，选择合适的沉井结构。对于沉井而言，其是由混凝土框架组成的，不能进行整体施工，而是要细化为数节。为提高沉井施工效果，需明确其工艺流程，对场地平整与沉井制作可同时进行，然后需依次进行封底、沉降下沉等操作，而这也是沉井应用的关键所在，应给予更大关注。通过实践发现，对于沉井工程而言，关键要看其下沉质量，若控制不当，会妨碍沉井施工效率及质量。由于井壁土体摩擦的存在会影响下沉质量，需使其尽可能减少，需要注意混凝土强度检测，通常要求在挖土下沉前须达到强度标准。防偏、纠偏也是沉井下沉操作需注意的问题，要尽量减少沉井误差。要注意基底清理，而且封底在进行实际浇筑前，应满足强度要求，以免影响封底质量。

2）混凝土抗滑桩。在水利施工中，为解决高边坡稳定问题，通常会用到抗滑桩，而且主要针对的是浅层、中层滑坡问题。通过将其安装在滑坡的前端，而且作为柱形构件，在外力作用下可与滑坡内层岩层牢牢结合，进而为边坡滑体提供阻力，降低高边坡滑坡危害。在实际应用中，抗滑桩要想达到更佳的防滑效果，需要注意钉入深度的控制，通常置于边坡岩层的抗滑桩长度部分要达到1/3左右，在无岩层的高边坡，也可将抗滑桩置于稳定土层，也能起到很好的抗滑效果。抗滑桩的使用，通常还要经过灌浆环节，这样可增强桩体与岩土的结合度，这样在有下滑力产生时，抗滑桩可具有更强承受力，边坡防滑效果明显。

3）混凝土挡墙。为预防高边坡滑坡问题，混凝土挡墙也有较多应用，通过设置挡墙，在其自重作用下可对滑坡起一定支挡作用，而且在使用时，还需完善挡墙工程的排水设施。挡墙的使用，可促使滑坡受力向着稳态发展，挡墙也阻断了延伸过程，其在高边坡加固中的优势在于起效快且简单，有着较大应用空间。当具体进行挡墙施工时，需合理控制基础深度，通常需预先进行滑动面分析，了解其位置及结构特征，然后进行挡墙施工设计。要做好排水、泄水工作，通常需预留泄水孔，可减少边坡方向上挡墙所受到的静水压力，对于挡墙基础稳定也有帮助，可避免因积水而导致挡墙自身出现滑移。

（2）高边坡锚固技术。

1）喷射混凝土护坡。在高边坡加固施工中，喷射混凝土护坡更为高效，而且省去了模板支立环节，可直接利用专业机械，将高边坡防护所需混凝土材料集中进行机械化处置，这也是较为新型的高边坡防护技术。在实际应用中，混凝土经过高速喷射，可形成良好的临时支护结构，相较于木质支护有强度优势，相对于钢支护也更为节省。

而若直接用于高边坡的永久支护，相较于其他混凝土支护结构，在早期阶段也具有强度优势。还可搭配锚杆进行施工，能够降低高边坡加固施工强度，减少混凝土材料消耗。而且，在高边坡施工环境下，喷射混凝土省去模板部分，也无需进行拱架安装，有效改善洞内空间利用，还能够紧随开挖工作，缩短边坡岩土暴露时长，防护效果显著。

2）锚固洞。在对高边坡进行加固处置中，锚固洞可起到良好稳定效果。但要想更大程度发挥锚固洞使用效果，需要遵循相应原则，需自上而下、自内而外逐层进行锚固洞加固施工，并且在相同高程下，适宜采用跳洞开挖的方式，可有效预防不利结构面作用，确保锚固洞达到设计要求的抗滑力水平，降低高边坡失稳可能。

3）预应力锚固技术。在该方式下，通过预先将锚索固定在高边坡内部岩层中，并进行注浆提升锚固的牢固性，在其作用下可起到预应力加固的效果。混凝土框架与锚索组成预应力结构，将其施加在高边坡坡体上，可产生较大的挤压效果，使坡体经受正压力，进而产生更大的滑坡阻力，而且还能够限制边坡中不稳定结构发展，有着良好的边坡稳固效应。在高边坡加固施工中，预应力锚固有着明显技术优势。借助于锚索的加固作用，可有效改善高边坡结构条件，还能节省开挖作业量，提升高边坡施工效率，而且还能够用于坝体、坝基的加固。利用预应力锚固技术，可使集中荷载趋于分散，降低其破坏性。

（3）减载、排水等措施。

1）表里排水措施。高边坡滑坡与表里水源有较大关联，在加固技术应用中，需尤为重视排水工作。①地表水的拦截与排除，在高边坡施工中，若雨水、泉水等流入到边坡范围，在浸泡、冲击作用下，会加剧高边坡失稳风险，为此需对其加以拦截并排除。通常需完善排水沟、拦水沟设施，避免地表水侵入边坡。在对高边坡进行排水系统布设时，要考虑地形因素，尽可能将自然沟谷融入其间，提高地表水排除效率。通过拦截并排除地表水，可降低边坡岩土含水量，降低其内部滑动力，有效规避高边坡滑坡事故。②地下水的排除，在高边坡加固施工时，要考虑浅层与深层地下水的区别，并采取差异化的排水设施。对于深层地下水，需要在高边坡范围构建集水井、盲沟等设施，而对于浅层地下水，则需要进行截水沟的设置，降低地下水对边坡的影响。借此能够有效控制高边坡的地下水位，为其提供良好的边坡稳定条件。

2）减载反压措施。荷载过大也是高边坡滑坡的重要诱因，借助于减载反压措施，可起到很好的改善作用。通过除去滑坡体后缘岩土部位，可实现高边坡的减载，进而有效限制滑坡力的增长，但在实际应用中，仅仅采用减载措施的效果并不好，还需要配合使用反压措施。所谓反压，也就是将减载施工中所去除的岩土部位放置在边坡的前缘范围，可起到一定的阻滑效果，该方法适用于特定条件的高边坡，也就具有上陡下缓特点的滑坡。

三、工程项目风险管理措施重点

从工程项目的开始到结束，整个过程中都会存在风险，因而也都需要工程风险管理，它是一个持续的过程。而在工程风险管理中，也有着相应的重点。

（1）工程风险管理的重要时间节点。

（2）工程风险管理重要对象。

（3）工程风险管理的重要环节。

对于工程项目来说，在可行性研究阶段、项目评估阶段、设计招标阶段、招标实施阶段，都有要进行项目风险的重点管理。如在设计阶段对具体结构和布置的优化，进行风险分析，能保证工程的安全性、可靠性。业主分析项目分标的风险，能够更少地承受招标带来的风险；承包商在对风险进行分析后，就能够将承包过程中可能存在的所有风险了然于胸，更好地计算在应对风险方面需要投入的资金费用。除此之外，在项目合同中分配风险，需要遵循的原则包括：①对合同的履行是有利的；②由能够对风险进行有效控制与防止，或能够有效对风险损失进行减少的合同主体来对风险进行承担；③在分配风险时，要能够对承担风险一方的积极性进行调动。

因此，业主应承担不可抗力的社会或自然因素造成的损失。既承担静态风险，也应承担不可预见施工现场条件变化的损失和工程量变化导致的价格变化的风险。例如，对于单价合同而言，由于两种工程量不一致，会造成合同价格变化的风险；若采用的是总价合同，此项风险由承包商承担。对于承包商来说，应承担投标缺陷造成的风险；也应承担对业主提供的原始资料分析不当造成的风险及施工、技术、管理不善造成的风险以及分包人工作失误造成的风险。

四、工程项目风险管理体系及其信息化建设

（一）工程项目风险管理体系的构建

项目承包商从项目风险管理的目标出发，对组织体系和机制进行建设，让所有与项目有着相关利益的一方都对项目风险管理进行参与，同时对项目风险管理资源予以全面而充分的利用，分析、监控项目开展过程中各个阶段可能存在的风险，在遵循秩序、遵循内部联系的基础上组合成的系统，就是工程风险控制体系。对项目风险进行管理的活动、资源的配置以及各种相关的可被利用的机构，这三者彼此作用，构成的一种组织系统、一种关系网络。

工程风险管理体系能够不断对风险管理加以完善，从而确保实现工程施工项目风险管理目标。

1.项目风险管理目标

企业所要管理的风险就是影响企业成功实现战略目标和项目目标的活动和因素，进行工程风险控制的目标就是尽量地摒除这些活动和因素，保证实现战略目标，并且保证企业的持续经营。总结起来，管理目标如下：

（1）实现效益最大化与风险承受程度的平衡。要将精细化项目管理理念推进到企业建筑工程施工项目全过程，同时对项目风险意识进行全面提升，从而让项目效益达到最高。对项目风险进行严格管理，让项目风险始终处于企业能够承受的风险范围内，从而合理且有效地保证项目的顺利实施。

（2）实现建筑工程施工项目风险的全过程管理。从建筑工程施工项目的开始到结束，全过程、各阶段都要建立完整的风险管理体系，包括风险识别、评估、应对、处置、监控，以及沟通、编报涵盖风险的信息。对 PDCA 控制方法加以应用。P 为"Plan"，即计划；D 为"Do"，即执行；C 为"Check"，即检查；A 为"Action"，即处置。实现提高模式的重复循环，在实施过程予以改进、完善。

（3）培养核心管理人员。公司每一名员工都应当树立建筑工程施工项目的风险意识，都应当具有管理精细化项目的能力。我们要不断提高公司员工的风险意识与管理能力，让建筑工程风险管理水平和整体项目管理水平在实践中得到切实提升。

2.项目风险管理组织

企业风险管理组织结构包括组织机构、管理体制以及领导人员，其建立主要是为了保证风险管理目标的有效实现。如果缺乏企业风险管理组织结构，或组织机构不够健全、合理、稳定，那么企业就不能够开展行之有效的风险管理活动。

合理的组织机构具有非常重要的作用，从计划到执行，再到控制、监督，它能够为风险管理的实施搭建全过程框架。对角色、授权与职责的关键界区进行确定，建立恰当的报告途径，这些都是组织机构的相关内容。企业风险管理组织机构中要有风险管理领导小组，它的组成核心为企业的上层领导。风险管理领导小组下设有风险管理办公室。根据风险管理的专业在风险管理办公室的组织结构中进一步设立有关小组，如质量风险管理小组、进度风险管理小组、投资风险管理小组等，这些风险管理小组所负责的工作往往会关系到不同的企业部门。例如，质量风险管理部门所涉及的工作就有设计、采购、施工等方面的质量。从这个角度来讲，在设置部门时，可以以企业原有部门为基础，这样更便于划分工作。例如，将其分为设计风险小组、财务风险小组、市场风险小组等。

（1）风险管理领导小组。在项目风险管理组织体系中处领导与决策地位的，是风险管理领导小组。这一小组主要任务包括：①对风险管理制度进行研究并加以制定；②对风险管理工作计划进行审核并予以批准；③对各类风险管理原则与对策进行审定；④评估决策重大风险；⑤对所发生的重大风险事故的处理事项进行研究。

（2）风险管理办公室。在项目风险管理组织体系中，负责风险管理一应日常事务的是风险管理办公室。这一小组主要任务包括：①对风险管理小组决定的事项进行落实，并负责督办；②对各项目风险管理工作的开展予以指导，同时应定期进行检查，看是否落实到位；③对风险管理有关的信息、报告进行汇总存档；④在技术层面对风险管理领导小组做出的决策加以支持。

（3）风险专业小组。风险管理办公室又设有多个风险专业小组。这些风险专业小组主要任务包括：①对涉及建筑工程风险、涉及风险管理的所有信息、资料进行收集，收集工作应是广泛的、不间断的；②完成好风险管理的基础工作、准备工作；③协调好企业其他管理部门。

（4）项目执行团队。项目执行团队的工作具体任务包括：①对项目实施过程中负责各项具体工作；②及时监控、管理项目实施过程中存在的各种风险；③对风险动态月报进行按时编制；④针对识别到的风险，制订相对应的处置计划。

（5）风险责任人。风险责任人由项目经理挑选合适的人员进行指定。其主要负责两方面内容，一是对审核的风险处置方案进行执行，二是承担其所负责的风险发展情况的责任。每个项目都可以存在多个风险责任人，风险责任人不是固定不变的，需要从项目实际进行情况出发，结合风险发展情况，进行相应变动。

无论如何设置风险组织机构，各部门都需要对风险管理目标及任务进行相应的制订。在管理过程中，要重视协作的力量，对机构各部门内部以及部门之间的协调关系与方法进行明确。风险管理组织机构还要对风险管理的经济性、高效性加以重视。企业中各部门、各工作人员，都要向着一个统一的目标发力，让内部协调变得行之有效，从而避免与减少重复工作和推诿现象。

（6）风险管理组织机构职能划分。想要保证企业风险管理机构运转正常、高效、有序，就要对各组成部分应尽的职责、权利的范围进行划分，实现权责相统一。风险管理领导小组能够对企业重大风险以及相关应对措施进行决策，并且在企业风险管理方面承担着最终责任，也拥有最终的解释权。而其他风险管理人员则应在风险管理总监的领导下，对企业的风险管理计划和实施理念进行支持，使其与风险承受度、风险容量相适应，同时还应立足自身的职责范围、自身的风险权限，对风险进行管理。

（二）工程项目风险管理体系信息化建设

1.风险管理信息系统

企业应当对风险管理信息系统进行建立与完善，要在风险管理所涉的各项工作中应用信息技术。采取风险管理模块化信息系统，如下：

（1）项目风险等级评估模块。应当具有功能包括：①操作人员勾选好作业评估的具体条目，就能够对该项作业进行评估，将作业项目风险等级评估明细表自动生成，明细表上应当将各项分值情况都体现出来，同时，还能够用 Excel 文档等形式将评估结果进行导出；②能够对评估项目所处的流程、阶段，如初评、复评等进行直观显示。针对起止时间、作业编号、审批执行时间等作业项目的有关信息，项目风险等级评估模块也应当进行显示。

（2）安全承载力评估模块。专家评估小组负责评估班组安全承载力，执行小组负责评估个人安全承载力。当勾选中各项评估指标后，系统能够依据选中的内容，自动地生成班组（个人）安全承载力评估明细表。

安全承载力评估模块主要有三种技术指标：①系统可以自动保存班组和个人安全承载力的评估结果，系统还应当对班组（个人）安全承载力库进行建立与健全，从而在安排生产和更新资料等方面更为便捷；②能够以各项指标因素为依据，筛选安全承载力库中的班组（个人）；③系统能够按照被选中的指标因素，对班组（个人）安全承载力评估明细表进行自动生成，同时，还能通过 Excel 文档等形式导出相应结果。

（3）统计查询模块。在系统中输入基本信息后，计算机可以对其进行查询与统计，这样能够很大限度地缩减工作量，缩短办公所需的时间，从而对工作效率进行提升。这一模块的主要技术要求包括：①能够根据编号、电压等级、工作属性、风险等级、起止时间等进行查询与统计，在查询时，还应当支持组合查询，以及能够进行模糊查询；②当查询完作业项目评估结果以及班组（个人）安全承载力评估结果后，要能够用 Excel 文档等形式进行导出。

（4）权限管理模块。

1）权限管理模块的功能。对于计算机管理系统而言，在其权限控制找那个，权限管理模块是最核心的部分。权限管理模块所管理的内容包括：①控制各功能模块的权限，如隐藏、显示各功能模块中的各功能项目；②通过权限跟踪功能，对模块控制权限中向哪些用户、角色赋予了何种权限进行查看，还可以查看某一用户、角色有着何种模块控制权限；③对用户和角色的模块控制权限进行给予与收回。如果出现本负责人不在的情况，那么该负责人可以将权限（会签、审查、复核、审批等）向他人进行授权，由他人代替自己进行行使，这样能够保证工作有效推进，避免受到不必要的拖延。

2）权限管理模块的技术要求。权限管理模块的技术要求主要包括：①能够控制各功能模块以及各子项功能，实现对其显示或隐藏；②能够对各环节处理人员进行自由的更改；③能够对用户、角色在功能模块方面的权限（如浏览、修改、添加、删除）进行给予与收回；④授权人只能向一个被授权人给予所有权限的授权，但是同一个人能够对多个授权人的授权进行接受；⑤系统用户能够对自己的登录密码进行随时地变更，当系统用户忘记自己的登录密码后，可以请求系统管理员对密码进行重置。

（5）流程查看模块。可以通过流程查看模块，对设置于系统中的各种工作流程进行查看。这一模块的主要技术要求包括：①对各流程的整体流向进行显示，对流程结构图进行显示；②对流程中设置的各个环节的情况，如环节名称等信息进行显示；③对流程当前版本以及以往所有历史版本予以显示；④对各种流程的流向信息，如回退信息、跳转信息予以显示。

（6）流程监控模块。

1）流程监控模块的功能。这一模块主要是从横向、纵向对已经处理和正在处理的工作流的运行状态进行监控，同时还提供对流程统计与查询。其主要内容包括：①横向对流程进行监控。即是指监控所有任务流程的各环节运行状态，如任务是何时产生的、任务是何时完成的、任务是由谁执行的；②纵向对流程进行监控。即监控某一环节上所有任务流程的运行状态，如任务执行期限有多久、任务实际完成时间为何时、流程的执行路径等；③对流程进行综合查，能够通过流程类别、启动时间以及完成审批时间等信息，对流程信息进行查询；④能够人工干预任务流程的执行，包括对任务的执行人员进行改派等；⑤能够删除已经废除的流程。

2）流程监控模块的技术要求。流程监控模块的技术要求主要包括：①能够横向监控任务流程的执行者，无论在任务流转的何种时刻，都能对当前任务流程的处理状况进行查询，还应当能够查询到由哪个部门正在处理以及处理的时间等信息；②在进行横向、纵向监控的过程中，要用醒目颜色对超出时限的环节做好标记，同时，还要提醒负责该环节的工作人员，对其进行催办。如果某一任务已经接近完成时限，也可以依据有关设定要求予以提醒。所谓的"提醒"，就是当有关的责任人员登录系统，对相关环节进行办理时，系统会用特殊标记（如醒目的红色字体）对本任务快到期的情况对其进行通知。

2.信息化软件的应用

从整体来看，风险管理软件在应用方面有着很大的发展，取得了不错的成效，如 Primavera Pertmaster Project Risk、Pertmaster Mote Carlo Analyzerx、VERT 软件、P3E/C（v6.0）等。

（1）Primavera Pertmaster Project Risk8.0 专业风险分析软件。这一专业风险分析软件在管理风险管理的全生命周期时，是通过高级的、基于蒙特卡罗模型的费用与进度分析进行的。主要包括：①在进行项目选择时，分析初步决策的不确定性；②在计划阶段，对项目进度计划的准确性进行提升；③进行更加成功的执行、运营。

（2）Pertmaster Monte Carlo Analyzer 风险分析软件。Primavera 公司开发了一款能够对风险进行模拟分析的软件，即为 Monte Carlo TM 3.0。这一软件能够对 P3、P3E/C、MS project、Open plan 等软件格式直接进行识别，还能够被当做 P3E/C（v6.0）的附加模块，实现二者的无缝结合。当其与 Primavera Project Planner（P3）进行结合，在此基础上，项目管理人员能够通过 Monte Carlo TM 3.0，对项目实施过程中可能存在的风险进行详细分析，同时建立项目计划的概率模型。通过对 Monte CarloTM 3.0 的利用，项目工作人员还能够对带有概率分支工序和概率日历的工序组进行评估，对项目网络计划整体成功概率和任一组成部分的成功概率加以衡量，同时，还可以对工程按期交付的可能性进行确定，建立有关材料成本范围的模型。项目工作人员甚至能够对一次罢工可能带来的影响进行计算。

在对问题进行预测时，Monte Carlo 能够对所需信息进行提供，还能够对概率计划进行建立，对项目风险进行处理。上述一切并非以单点估计为基础，而是以事件发生的概率为基础。一旦项目计划、项目成本受到如恶劣天气、劣质材料、劳动力短缺等无法被控制的时间、条件的威胁，Monte Carlo 会提供有关知识，以便工作人员及时做出正确决策。与此同时，当使用者针对风险及其不确定度与客户、资方和其他决策者进行沟通时，能够通过 Monte Carlo 自带的报表和图形工具使得沟通更加清楚，更具有效性。当项目所有工序时间分布的定义都处于完成状态，使用者就可以通过 Monte Carlo 对其实现模拟。当然，使用者要在模拟之前完成下列设置：对模拟计算的循环次数进行确定，通过 Monte Carlo 或 Latin 超立方体等模拟方法对模拟初始值进行指定，对总浮动时差计算方法进行选择，对是否进行资源平衡加以确认，对计算精度予以选定，以及对是否诊断处理计划加以确定。

第四章　水利水电工程项目质量控制

第一节　工程质量控制及其影响因素

一、工程质量控制的内涵

（一）工程质量

质量是指对一组固有特性满足要求的程度。

"工程质量管理不但在现代化管理工程中占据着重要地位，还在现代工程项目管理中占据中心地位，所以对工程质量进行监管成为现代工程建设的基础，是工程项目能否成功的决定力量。"[①] 建设工程质量指的是工程建设遵守国家法律、法规、技术标准、施工规范、设计方案和合同规定，工程建设产品满足产业所有者需求的特别性质集合，通常也被称作工程质量。为了满足社会需求，建设工程同其他普通产品一样，具有性能、寿命、可靠性、安全性、经济性等质量特性以及使用价值和其他特性，另外还具有自己的特点。

建设工程质量主要包含下面六个特性：

第一，功能性。功能性指的是用来满足使用目的，工程具有物理化、结构化、使用化、外观化等性能。

第二，寿命性。按照技术规范要求，工程完成施工投入使用，在标准使用时间内工程各部分功能要保证正常使用。

第三，安全性。工程通过审核投入使用后，在标准使用时间内保

---

① 宋小颖.水利水电工程项目质量评价研究［J］.农业与技术，2015，35(13)：69.

证不危害建筑结构、人身和周边环境。

第四，守时性。遵守施工建设标准，工程具有在合同期限时间内完成各项使用功能的能力。

第五，经济性。在保证标准使用时限的前提下，工程建设要控制规划、勘察、设计、施工和后期维护的成本和消耗的费用。

第六，环境和谐性。遵循社会可持续发展趋势，工程建设与周围生态环境、区域经济环境、周边已存在建筑要和谐共存，避免建设施工过程破坏施工范围外的植被，建筑废物污染周边水源和土地，施工声音过大产生噪音，建筑外观与周围建筑环境格格不入，建筑使用者的行业类别不符合区域经济需求等。

作为工程建设必须达到的基础标准，建筑工程的六大质量特性并不是孤立存在的个体条件，而是互为补充的一个整体，不可分割。

工程设计的各项功能是否可以实现，工程投入使用后是否具有很高的安全系数，工程是否能在规定时限内竣工，外观整体设计特色是否能够很好体现，这些都要取决于工程施工是否顺利。在某种程度上来说，工程施工是形成实体质量的决定性环节。

（二）工程质量控制

作为工程质量管理的重要组成，达成质量审核条件是质量控制的重要目标。工程质量条件包括工程合同、设计方案、施工技术规范中制定的各项质量审核条款。对工程质量的满足就是工程质量控制。

1.质量控制的主体

按照实施主体的工作职能划分，工程质量控制实施主体分为履行质量职能的执行者，监管他人质量能力和工作成效的监管者。前者为自控主体，后者为监控主体。能够实施工程质量管控的单位有：

第一，政府部门。作为工程建设质量的监管控制主体，政府要运用相关法律、法规制定工程项目申报立项制度，严格审查施工图设计方案以及施工许可审批流程，严把材料设备、工程质量监督、重大工程竣工验收备案等质量关。

第二，工程监理单位。为了使工程质量达到建设单位要求，建设单位委托工程监理单位监督把控工程建设过程中勘察设计、施工、设计、竣工验收等各阶段质量。工程监理单位也属于监控主体，代表的是建设单位。

第三，勘察设计单位。作为自控主体，勘察设计单位对包括工作流程、工作进程、消耗以及具有价值的合同文件在内的整体勘察设计过程实施监督管控。国家法律、法规及具有法律效力的合同文件是勘察设计单位实施管控工作的主要依据。勘察设计属于自控主体。

第四，施工单位。作为工程质量控制的自控主体，施工单位为了完成合同文件规定的质量标准，对施工筹备阶段、施工工作阶段、完工验收、使用交付等各环节的工作质量和工程质量，参照工程合同、设计方案和技术要求实施质量控制。

2.质量监理的原则

在工程质量管控过程中，监理工程师要严格坚守下面几项准则：

第一，质量第一位。"质量第一"是工程建设中质量管控的首要准则。监理工程师要秉承"百年大计，质量第一"理念，规范行使工程资金投入、工程建设进度、工程建设质量监理等工作职能。

第二，以人为中心。工程建设的项目申报、物料设备筹备、施工执行，监督管理，验收使用等各环节都离不开人。监理工作重点把控人的行为素质，激发积极创新。

第三，预防为主。质量控制重点在于提前做好建设前、建设中和建设后的质量管控计划。做好预防工作，降低产品存在质量问题概率。

第四，质量尺度。以国家法律法规以及工程合同质量条款为工程产品质量标准。通过质量检验，工程产品质量符合国家法律法规，同时也达到合同质量条款标准，否则就是不合格。不合格的工程建设产品必须按照国家法律法规和合同质量要求重新建设。

第五，遵纪守法，科学公正。监理工程师必须秉持遵纪守法，科学公正的职业操守，以客观数据信息为依据，秉公处理工程质量问题。

二、工程质量的影响因素

"工程施工管理是一项复杂的工作，加之管理本身是一项系统工程，决定了施工管理没有太多的'规范'的模式可循。"[①]影响工程的因素很多，归纳起来主要有五个方面，即人员素质、工程材料、机械设备、施工方法和环境条件，简称为4M1E因素。

第一，人员品质。作为生产经营活动的主体，人直接参与从项目决策到施工建设，从勘察规划到监理验收的全过程。人的品质对工程建设具有举足轻重的影响。为了保证工程建设能够保质保量按时竣工交付，从业人员品质必须受严格管控。各类从事经营资质管理和其他专业的人员必须持证上岗。

第二，工程建材。工程建筑产品的建筑结构是否坚固，建筑强度是否达标，使用安全系数是否够高，外观效果是否美观和谐，建筑功能是否能安全持续使用，这些因素都是满足业主需求的基本条件。工程建设必须科学合理选材，材料质量必须通过正规部门的严格检验，

---

① 于伟，贾成杰.水利水电工程项目质量管理措施的探索［J］.城市建设理论研究（电子版），2013（24）.

材料管理单位必须制定健全的建材仓储管理制度。

第三，机械设施。建设工程项目需要筹备两大类机械设施。一类是构成整体使用功能，用于建筑设备安装工程或工业设备安装工程，与工程实体配套的工艺设备和各类机具。另一类是施工过程中使用的各种施工机具设备。机具设备的好坏直接影响着工程质量。工程使用功能质量则直接受工程用机具设备质量优劣的制约。除了施工机具设备的质量要好，设备类型也要符合工程施工特殊需要，设备功能必须先进稳定，设备使用必须方便安全等，只有这样才能保证建设工程质量不受影响。

第四，施工方案。工程施工必须依照各项目的施工方案执行。为了保证工程质量不受影响，施工方案必须设计科学合理，积极采用利于工程质量提高的新科技、新工艺、新手段，严格按照使用说明进行安全操作。

第五，环境质量。环境质量的好坏能够对工程质量产生特殊影响。环境质量包括工程技术环境、工程建设环境、工程管理环境、周围环境等。为了保证工程质量与环境协调发展，工程建设过程中要重点管理关注施工环境、施工条件、技术环境，并且大力提供所需支持。

第二节　施工过程质量控制手段分析

一、审核技术文件、报告与报表

对技术文件、报告与报表的审核是为了落实工程质量实施全面监管、审查和控制的制度，包含以下几点：

第一，审查核实施工现场的分项目承包单位资质证明，监管承包单位施工质量。

第二，审查批复施工承包单位的开工申请，对施工前期筹备工作质量进行审核。

第三，审查批复承包单位申报的施工方案、质量规划、施工职责分配以及施工进度，向工程施工质量管控提供技术支撑。

第四，审查批复施工承包单位提交的相关资料、半成品和建筑材料的出厂合格证、质量检验或试验报告等质量达标证明资料，为工程质量提供良好的物质支撑。

第五，审查核实工程承包单位提交的施工进度跟进表和施工质量的动态统计图表或者管理图表。

第六，审查核实工程承包单位提交的阶段性产品的质量证明资料（检验记录及试验报告）、施工环节过渡进行的检查（自检）、隐藏项目工程检查、阶段性分项工程质量检查报告等文件、资料，保障施工过程的质量管控。

第七，审查批复工程相关变更、设计图纸修改等，使施工设计图纸质量得到保证。

第八，审查核实施工过程中对新技术、新工艺、新材料、新构架等技术采用及运用的鉴定证明，保证新技术运用效果。

第九，审查批复工程质量问题解决报告，保证公平公正地解决质量问题。

第十，审查核实与质量技术相关的权威技术认证资料。

二、指令文件与一般管理文书

指令文件指的是监理工程师以书面形式向施工承包单位发出的指示或命令，具有强制性。监理工程师采用指令文件行使指令控制权。

书面或可记载的文件形式的监理工程师指令才具有法律效力，具有技术文件保存价值。

监理工程师会采用一般管理文书，例如监理工程师函、备忘录、会议纪要、动态信息发布以及各种业内通报等，对工程承包单位所作出的某些决策或者行动给出一定的专业意见，不具备强制执行性。

三、现场监督检查

（一）现场监督检查的内容

施工前检查是为了确保施工顺利和保证施工质量。施工前检查不能遗漏任何一项筹备内容并确保质量达标。

跟踪、监查与管控在施工环节具体执行中，主要是监督、管控从业人员、施工机械设备、建材、施工手段、施工工艺、机械使用和施工环境都处于正常状态，并且全部满足工程质量标准，一旦出现问题应立即纠正。

在关键施工环节保证建材和工艺符合质量标准，现场监督与管控必须执行到位。

（二）现场监督检查的方式

现场监督检查。当建设工程进入重点、关键施工阶段时，监理工程师在施工现场开展监督工作，就是所谓的现场监督检查。根据工程特性以及工程承包商自身质量管理和技术运用能力，监理工程师确定现场监督地点或者施工阶段。通常情况下，需要进行现场监督检查的施工环节主要包括混凝土灌注、预应力张拉过程及压浆、基础工程中的软基处理、复合地基施工（如搅拌桩、悬喷桩、粉喷桩）、路面工程的沥青拌和料摊铺、沉井过程、桩基的打桩过程、防水施工、隧道衬砌施工中超挖部分的回填、边坡喷锚打锚杆等。

巡视监督检查。对正处于施工阶段的施工项目或施工建设部分，监理工程师进行定期、不定期的监督检查工作。巡视和现场监督检查分别是在"面""点"上对建筑产品的某部分或施工某环节进行监督检查。

平行检验。工程承包单位凭借自身的质量检查能力，进行内部自检之后提交质量检查报告。监理工程师按照一定的比例采用检查或检验方法进行质量复检。

四、规定工作程序与支付手段

第一，制定科学的质量监控工作流程，双方必须严格遵守并切实执行。这是质量管控工作顺利进行的重要方法。

第二，支付控制权。支付控制权指的是工程建设单位只有在收到总监理工程师签字的支付证书后才能与工程承包单位结算工程款。监理工程师的支付控制权是由建设单位或合同赋予的监管权力。在国际范围内，监理工程师也广泛使用支付控制权审核监督施工承包单位的各种工程款项结算。

第三节　工程质量控制的统计分析方法

工程质量控制的统计分析方法，可以帮助人们发现质量问题，提供决策参考。控制工程质量，需要针对问题采取措施，落到实处，才能取得成效。常用的方法有：调查表法、分层法、排列图法、因果分析图法、直方图法、控制图法和相关图法，可以根据具体情况选用。

一、统计调查表法

以专门设计的统计表为媒介来收集、整理质量数据，并对质量状态进行粗略分析的方法，即为统计调查表法，也称统计调查分析法。如施工质量检查评定用调查表、不合格原因调查表、不合格项目调查表、分项工程作业质量分布调查表等，都是日常应用度极为普遍的调查表。

以统计调查表对质量控制活动中的数据进行收集，既极大地便利了整理工作，又因其灵活简便性而体现出了较大的实用价值。统计调查表的格式并没有统一的格式要求，可以根据需要和具体情况的不同有所调整。

在实际应用过程中有机结合分层法（也称分类法）和统计调查表，提高问题成因分析效率，进而采用有针对性的整改措施。

二、分层法

以不同的目的和要求为依据，对调查收集的原始数据以某一性质为标准进行分类和整理的分析方法，即为分层法。利用数据分层，可以进一步凸显数据各层间的差异，进而减少层内的数据差异。基于此，再来比较和分析层间和层内，可以提高发现和认识质量问题成因的深度。多种因素的共同作用是产品质量的主要来源，所以，以不同性质为切入点来分层处理同一批数据，可以提升人们考虑和分析产品质量问题和影响因素的广度。

常见的分层依据主要包括以操作者或操作班组为依据、以使用机械设备型号为依据、以工作环境为依据、以检查手段为依据、以施工时间为依据、以供应时间或等级为依据、以原材料供应单位为依据、以操作方法为依据等。

在质量控制统计分析方法中，分层法处于基础性地位，同时经常和控制图法、直方图法、排列图法以及其他相关图法配合使用，即首先对原始数据以分层法进行门类划分，而后再完成统计和分析工作。

三、排列图法

作为一种对质量控制进行静态分析的方法，排列图可以反映特定时间内质量的静止状态。但是，产品的形成始终处于一种运动发展的状态中，所以，需要有机结合动态和静态分析法来对质量控制进行分析。

排列图法是利用排列图寻找影响质量主次因素的一种有效方法。排列图又叫帕累托图或主次因素分析图，由两个纵坐标、一个横坐标、几个连起来的直方形和一条曲线组成。应用中，通常按累计频率划分为 0% ~ 80%、80% ~ 90%、90% ~ 100% 三部分，与其对应的影响因素分别为 A、B、C 三类。A 类为主要因素，B 类为次要因素，C 类为一般因素。

排列图在对主次因素进行反映时更加直观和形象，其实际应用主要有以下几点：①以生产班组或单位为依据，可以用于对各单位质量管理水平和技术水平进行分析比较；②以生产作业为依据，可以对那些生产不合格品最多的关键过程进行准确把握；③以不合格点的内容为依据，可以对质量问题产生的薄弱环节进行准确分析；④对安全问题、成本费用等的分析均可采用排列图。

四、因果分析图法

以因果分析图（也称特性要因图）为媒介来对某个质量问题（结果）以及造成该问题的原因之间的关系进行整理、分析的有效工具，即为因果分析图法。由于因果分析图的形状与鱼骨和树枝相似，它也被称为鱼刺图或树枝图，主干（直接指向质量结果的较粗的水平箭线）、枝干（箭线不同，就代表着不同层次的原因）、要因（引发质量问题的主要原因)、质量特性(也称质量结果,是某个质量问题的代称)是构成因果分析图的有机部分,如下图 4-1 所示。

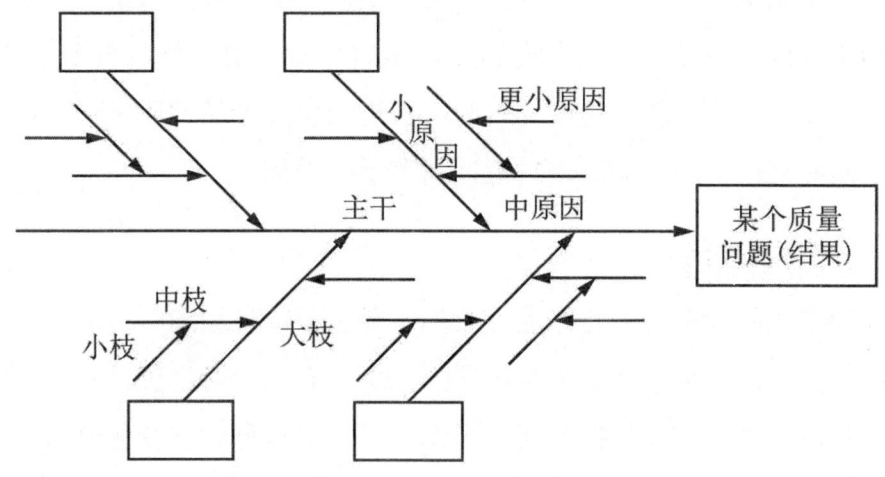

图 4-1　因果分析图的基本形式

(一)因果分析图的编制

因果分析图编制步骤如下:

(1)明确调查问题的特性。

(2)由左向右画一箭头,指向质量问题。

(3)分析造成质量问题的可能原因。

(4)在主要原因基础上分析第二层、第三层原因。

(5)检查各个要因是否有错误。

(6)标明各个要因的重要程度。

(二)绘制使用的注意事项

(1)集思广益。绘制者在绘制时要掌握专业的施工方法和技术,能够对施工现场实际条件和具体的操作情况进行调查和了解。在对现场工人、班组长、工程技术人员和质量检查员的意见进行广泛收集时要保证形式的多样性,通过集合多数人的想法和意见,对全体工作人员都能起到重要的启发和补充作用，确保因果分析和实际情况相一致。

（2）制定对策。相较于因果分析图绘制，更重要的目的在于通过对图中反映的主要原因进行分析，制定针对性和有效性的整改举措，推动问题在限期内能够得到妥善解决，进而保证产品的质量。从具体执行层面来讲，通常需要用对策计划表予以规范。

五、控制图法

动态化的生产流程是产品形成的主要过程，控制图就是动态分析法中最典型的一种类型。控制图法的应用，有助于对生产过程中质量的变化情况进行整体把握和实时了解，并针对这种动态变化来采取相应措施，进而保证生产状态的稳定性，有效避免废品的出现。

（一）控制图的形式与用途

控制图以直角坐标系的控制界限为范围，对产品生产过程中质量的波动状态进行描述，这类图就是控制图，也称管理图。在对质量波动原因进行区分时应用控制图，以对生产过程及状态的稳定性进行判断的方法，即为控制图法。

1.控制图的形式

下图4-4展示的内容，即为控制图的基本形式，其中抽样时间或样本（子样）序号主要通过横坐标呈现出来，被控制对象（也就是被控制的质量特征值）即为纵坐标。控制图上通常会出现三条线，分别为上控制界限（用符号表示为UCL，通常以一条虚线的形式呈现）、中心线（用符号表示为CL，通常以一条实线的形式呈现）和下控制界限（用符号表示为LCL，通常以一条虚线的形式呈现）。上、下控制界限通常是质量特征值允许波动范围的标志，中心线则通常用来作为质量特征值分布中心位置的标志。

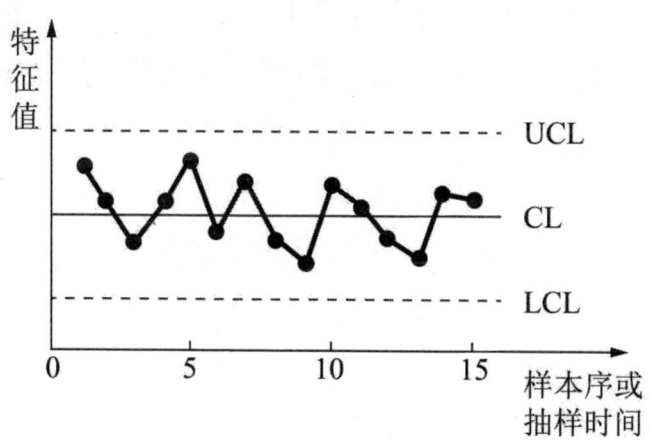

图 4-4 控制图的基本形式

以抽样的形式获取生产过程中的数据，通过在图上描绘样本统计量来对生产过程状态进行分析和判断。倘若在上、下控制界限内随机落点，就意味着生产过程的稳定状态，也就是说不合格品不会出现；倘若在控制界限以外落点，或者点子的排列并不完整，就意味着生产过程已经超过了可控范围，生产条件也出现了相应的异常和变化。

2.控制图的用途

在以样本数据为依据对生产过程的稳定状态进行分析和判断过程中，控制图是一个至关重要的工具。简单来讲，对生产过程的分析和控制即为控制图的主要用途。

对生产过程进行分析，主要分析的内容在于生产过程的稳定与否。而这一过程的实现，就需要做好前期准备工作，如数据的随机连续收集、控制图的绘制、对数据点分布情况的观察以及基于此完成的对生产过程状态的判定。

对生产过程进行控制，主要控制的内容在于生产过程的质量状态。而这一过程的实现，同样需要保障前期准备工作的正常有序，如对数据的定时抽样，并在控制图上用坐标的形式标记以上数据，以此来发现和及时消除生产过程中的失调现象，进而降低不合格品的产生概率。

（二）控制图的观察与分析

绘制控制图，目的在于对生产过程所处的状态是否稳定进行分析和判断，而这一目的的实现需要观察和分析控制图上坐标点的分布情况。这是因为，作为随机抽样的样本，控制图上的坐标点同样也是生产过程（总体）质量分布状态的直接反映。

判断生产过程始终处于相对稳定状态的依据，就是要确保控制图符合以下两个基本要求：其一是以控制界限为范围来落点，其二是确保控制界限内点排列的完整性。倘若无法同时满足以上两个条件，就可以以异常来判定生产过程的属性。

当满足以下三个条件时，可以做出点子几乎全部落在控制界线内的判断：其一是 25 个以上的连续点处于控制界限内，其二是 35 个连续点中仅仅有 1 点没有位于控制界限之内，其三是 100 个连续点中超出控制界限的点不超过 2 个。

点排列没有缺陷指的是点的排列处于正常状态，是一种随机性的排列。正常状态，也称为非异常现象，指的是点排列中没有出现"周期性变动""趋势或倾向""多次同侧""链"等情况，以下作分别阐述。

"周期性变动"是指点的排列呈现出周期性的变化趋势，而这种趋势下，纵使所有点都没有超过控制界限，也应当以"异常"来界定该生产过程。

"趋势或倾向"通常用以概括连续上升或连续下降点的现象，当生产过程中出现异常现象或受到异常现象干扰时，就意味着出现了

7个或7个以上连续点上升或下降排列的情况，因而需要及时采取措施。

"多次同侧"也称偏离，指的是在中心线一侧点子多次出现的现象。

"链"指的是点子连续出现在中心线一侧的现象，5点链的出现意味着需要对生产过程发展情况予以重视，6点链的出现意味着需要对原因进行调查，7点链的出现意味着需要对工序异常进行判定，同时以及时的处理措施来解决异常现象。

运用控制图对生产过程是否处于正常状态进行判断必须遵循四个基本准则，静态是分析用控制图的基本属性，动态是管理用控制图的基本属性，倘若想实现分析用控制图向管理用控制图的转变，需要首先确保处于稳定状态的生产过程。当生产过程不断向前推进时，就需要在图上描绘那些以抽样的形式获取的质量数据，并对点的变化进行实时观察，当对生产过程做出异常的判断时，就意味着点正处于或已经超过了控制界限。纵使点在控制界限内，也应对其是否存在缺陷进行实时观察，从而判断生产过程是否处于正常状态。

第五章　水利水电工程项目管理的新模式

第一节　价值工程在施工管理与组织设计中的应用

一、价值工程的基本原理

"价值工程作为一门新兴管理技术，自 20 世纪 40 年代后期产生以来，已被大量运用于生产管理活动之中，特别是在工程建设领域得到广泛的运用，积累了丰富的经验。"[①]价值工程的目的是提高产品的价值或者作业的价值，经过有组织性、创造性的工作，将工程的寿命周期成本降到最低，从而有效地实现使用者的管理技术功能。

价值工程的三个基本要素是价值、功能和寿命周期，价值工程的特点有以下几点：

价值工程的目标是通过最低的寿命周期成本实现价值工程具备的所有功能。价值工程的寿命周期成本的组成成分是产品的生成成本、使用成本以及维修成本。在既定的范围内，生产成本和使用成本的关系是呈反比的。比较理想的功能和成本关系是：当产品的寿命周期成本达到最小值，其功能水平并没有影响，即产品满足用户需求的同时，还能够达到较低的寿命周期成本。

对产品功能进行分析是价值工程的核心内容。功能是一种属性，

---

① 周群.基于价值工程的施工管理技术创新［J］.中国工程科学，2004，6（3）：86.

功能对象能够满足某种需求。企业生产的最终目的是通过产品结构的设计和材质的选择等内容满足用户的产品需求。企业生产最重要的事情就是实现产品的使用功能，进而实现企业生产的目标，实现企业生产目标的手段可以广泛选择。因此，企业生产产品最主要的不是分析产品的组成成分，而是分析产品的功能，分析功能是基础，分析结构和材质等因素是对产品分析的完善。

价值工程需要考虑的因素有：产品价值、功能和成本，这些因素是一个整体，需要从综合角度考虑产品的使用成本和生产成本，将使用者和生产者的利益充分考虑其中，进而生产出高质量的产品。

价值工程还需要不断改革和创新，不断开辟新的道路和构想，创造产品的新方案和新功能，不断简化产品的构架，节约成本，提高产品的经济效益。

价值工程需要将产品功能量化，将产品的具体功能转化为能够进行数据对比的量化值。

价值工程属于社会性管理活动，价值工程的中心是集体智慧，开展的活动都是有计划、有组织的。研究价值工程关系到整个产品的使用周期，在研究的过程中涉及到的内容比较复杂。因此，价值工程活动的有效开展需要集中相应的人才，集中力量促进价值工程活动的展开，除了专业人才，用户的力量也不容忽视，企业可以通过适当的组织形式，与专业人才共同研究，发挥集体的力量，有计划、有组织、有目的地展开价值工程活动，最终实现工程目标。

二、价值工程在施工管理中的应用

（一）价值工程在施工管理中应用的意义

施工管理是项目施工日常管理，是对管理制度的管理，施工管理水平的高低往往决定着施工项目管理的成败，因此在施工管理中应用价值工程具有重要的意义。具体表现在：

（1）提高项目决策的正确率，有利于提高项目决策水平。

（2）提高项目管理的效率，尽量少走弯路。

（3）充分发挥集体智慧，使项目员工可以更好地参考与项目管理。

（4）使项目树立"用户第一"的观念，有助于施工企业适应买方市场。

（二）价值工程在施工目标管理中的应用

施工目标的明确能够帮助施工项目顺利进行，因为只有明确的项目规定和目标的指导，才能够确保工程的发展方向，才能明确相关人员在项目中的前进方向，全面整合个人目标和集体目标。

1.施工项目目标权重的确定

站在工程的战略发展角度来看，项目目标根据平衡计分卡理论可以分为创新、学习、成本、质量、进度和服务，前三个部分能够满足客户对产品的需求，后三个部分能够满足企业的自我成长和持续发展。确认工程项目目标权重的主要目的是依据正确的方式确立不同目标的关系，目标权重的确认能够对项目工程起到引导和管理作用。从价值工程的角度出发，项目的工程目标就是项目功能区，各目标权重的确立就是分析项目的功能，分析各个功能区的功能指数和评价值。之所以分析项目目标，是为了节约工程成本，成本目标是评价工程价值的依据。

由此，确定项目中各目标权重有以下几个步骤和方法：

根据企业发展的战略目标出发，明确发展任务。项目目标的明确一般放在施工开始之前以及投标策划之前。

目标功能指数是依据企业战略的定位和具体任务决定的，采用的方法有多比伊断分法、环比评分法、强制打分法、逻辑评分法等。

项目目标权重是依据各个项目的目标功能指数决定的，两者之间呈正相关系，功能指数越大，项目的目标就越重要，需要消耗力量就越大。

2.施工项目目标价值分析

确定好项目的各个目标权重之后，为了方便企业项目管理，应该加强对各个目标进行价值分析。

在分析施工项目的目标价值之前，应该先计算出项目完工需要的现实成本，计算出各个施工目标的成本指数。成本的计算应该一一列举出来，明确实现目标需要采取的措施和实施措施需要消耗的经费。然后比较成木指数和功能指数，从而得到被评价对象的价值指数。紧接着依据价值指数分析以下几点：

价值指数等于 1 的情况，说明该目标的现实成本是合理的，其功能成本和现实成本比较一致，匹配合理。

价值指数小于 1 的情况，说明该目标的现实成本比功能成本大，也就是项目目前的预算成本较高，应该及时对目标进行调整。

价值指数大于 1 的情况，说明该目标的功能成本大于现实成本。这样的状况在以下三种情况下会出现：①较低的现实成本无法实现项目实施的最终目标，出现这样的情形需要及时调整，可以通过增加项目成本改变这种状况；②项目目标设置得太高，远超其自身的水平，也就是存在过剩的功能，在调整时应该降低目标；③站在客观的角度，这种施工项目的目标对于实现功能成本来说非常重要，但实际情况是这样的目标成本较少，所以，这样的情况不需要予以调整。

三、价值工程在组织设计中的应用

管理施工项目的有效工具是项目的组织，只有在合理的组织下才能实现高效的运行。组织设计指运行一段时间的组织机构由于项目的需求需要承担一定的任务改变和环境改变带来的施工变化，在新的需求下，组织机构需要作出合理的调整或者重新设计。

（一）组织设计中价值工程的必要性与可行性

在合理的组织下，项目的功能目的才能实现，只有合理的组织设计才能保障项目高效运行。

价值工程能够有效地提高对象的价值，因此，在组织改造设计中融入价值工程的技术和管理思想是非常必要的，也是非常有意义的。

在组织机构建设过程中，功能和成本可以相互转换，通过相互转化实现功能成本和支出成本的对立统一，并且，在组织设计中还需要确定项目的成本和功能。组织设计的基本目标是设立一个精炼高效的设计组织，实现成本的最低化和基本功能的最高化，这个目标和价值工程的基本原理大致相似。从价值工程的角度出发，组织机构设计的基本目标是设计一个具有最高价值的组织机构和组织体系。其内在的一致性决定了组织设计在开展价值活动和对应的研究中完全可行。

（二）应用价值工程进行组织设计的基本程序

（1）组织功能和组织成本。在组织设计的过程中应用价值工程能够实现功能和成本的转换。施工企业生产和营销等活动的载体是施工项目，企业的施工目标的实现主要依靠价值工程对业主提供的各项服务，这是施工项目的基本功能，也可以称为是整体功能。整体功能还能细分为专业功能和基本功能，专业功能主要作用于工程项目中的特色服务和产品，专业功能因为承担的施工任务和施工条件的不同存在差异；而基础功能的专业性并不强，是很多项目共同拥有的功能，起到的作用主要是支撑整体功能，比如人力资源、技术、财务等。

项目组织成本指工程项目需要消耗的人力资源成本，该消耗成本主要包含了员工的报酬、企业按照规定需要缴纳的企业费用。在组织设计中，其他的项目成本与组织设计并没有太大关系，这一类成本包括采购材料的成本、制造的成本以及财务成本等，这类成本的数量不受组织机构的设置影响，所以，在计算项目组织成本时可以不做过多的考虑。另外，价值工程只是一种手段和方法，并不能作为部门化或者组织设置的原则，所以，在具体实施工程的过程中，需要做一个假定：组织机构设计的原则是一种相对优化的设计，所以制度成本不考虑在人力资源成本中。

选择对象。在实施价值工程的过程中，整个项目组织是价值工程的选择对象，也可以在整个价值工程中选择其中一部分作为项目的选择对象，这一部分对象需要遵循的原则是：急需改进的部门需要立即做出改进；具有降低成本潜力较大的部门。

分析功能。在分析资料和分析信息的基础上，精炼准确地对组织功能进行描述，组织功能的明确需要数据分析和功能分析才能实现。

评价功能。工程建设的周期往往都比较长，整个工程项目在组织建设的过程中由多个不同阶段组成，不同的施工阶段，需要采取的措施也不同，建设重点也不同，组织设计的主要目的就是为了满足不同阶段的项目施工，如果要评价某个阶段的组织设计，就应该先将这一阶段从总工程中分解出来，这样操作下来，消耗的时间较长，且工作量也很大，对项目的组织和开展不便；如果采用功能指数法，不需要消耗太多的时间成本和人工成本，只需要将本阶段的功能指数与阶段成本的指数比值计算出来，就能根据数值的大小进行改进，功能指数与相对指数一致，也可以根据本阶段的施工相对指数进行判定，操作简易，工作量较小。所以，在组织阶段性的设计时，功能指数法更适合功能评价。

选择改进对象。改进对象的选择需要综合考虑价值的系数大小，根据价值系数的大小判断需要改进的程度。

第二节　EPC 工程总承包项目风险管理模式分析

"对于总承包模式来说，EPC 工程是最经典的模式，因为该模式具有集约化性质和工程高效化性质，使用的范围广泛。"[①]EPC 工程总承包是国际工程管理领域的先进管理模式，与传统模式相比，具有很多优势，普遍受到国际承包市场的推崇。然而由于其具有工期长、规模大且协作单位多等特点，在实施过程中充满了风险，对众多风险如不加强管理必将影响项目目标的最终实现。因此，弄清 EPC 工程总承包项目面临的各种风险及其特点，明确总承包商所承担的风险责任，对于工程项目总承包商而言，无疑具有重要意义。

一、EPC 工程总承包项目风险的概念

（一）工程风险的来源

工程风险的来源是多方面的，如自然风险、社会风险、经济风险、法律风险和政治风险。不同的承包模式承包商会侧重于不同范围的风险。对于 EPC 项目而言，除具有传统承包模式下所有风险的特点外，其所面临的风险范围进一步增大，风险增大源于 EPC 合同所

---

① 万城勇.EPC工程总承包模式下的现场施工管理以及分析浅谈［J］.建筑与装饰，2020（17）：29.

规定的风险分配变化，主要有以下两方面原因：

1.合同条款的变化

与传统承包模式相比，EPC总承包模式下合同风险分担发生了很大变化，EPC总承包商除承担合同明示的风险外，还有一些风险往往是隐藏在合同条款中的，这样就给总承包商的风险管理大大增加了难度。传统的施工总承包模式下，业主承担的风险主要有政治风险、经济风险、法律风险、自然风险与外界风险等，承包商承担剩余的风险，而且当发生不可抗力风险时，业主也会承担承包商的直接损失；但在EPC总承包合同下，除因政治和不可抗力因素引起的风险外，其他的风险都由总承包商承担，EPC总承包模式下总承包商的风险范围大大增加。在EPC总承包模式下，总承包商承担的主要风险如下：

（1）实施过程中的设计风险。EPC合同条件强调由承包商负责整个工程的设计，并在除雇主应负责的部分外，对雇主要求（包括设计标准和计算）的正确性负责。合同条件同时规定，雇主不应对原包括在合同内的雇主要求中的任何错误、不准确或遗漏负责，并不应被认为对任何数据或资料给出了任何准确性或完整性的表示。承包商从雇主或其他方面收到任何数据或资料，不应解除承包商对设计和工程施工应承担的职责。

（2）业主提供的现场数据不准确风险。现场数据是指项目现场地下、水文条件及环境方面的所有相关数据。现场数据是项目在投标和实施过程中非常重要的资料，大量的项目索赔及失败的案例都是源于现场数据的收集和使用不当。除设计义务一般要求提出的情况以外，雇主对这些资料的准确性、充分性和完整性不承担责任。承包商对雇主所提的资料要承担很大的责任。

在EPC工程总承包项目中，业主提供的数据和信息不准确、现场条件的变化是风险来源的一个重要方面，也是引起索赔甚至工程争端的最频繁的因素之一。

（3）现场施工放线风险。EPC 合同与传统承包合同比较，对于放线风险分配条款有所改变，删除了传统承包合同中由于雇主原因导致的费用增加和工期延长，承包商应得到相应补偿的内容，将放线错误的所有风险都转嫁给了承包商。承包商应根据合同中规定的原始基准点、基准线和基准标高进行工程放线。由承包商负责对工程所有部分的正确定位，并应纠正在工程位置、标高、尺寸或定线中的任何差错。

（4）物价上涨或汇率变化所引起的经济风险。在 EPC 工程中，除在专用条件中另有规定外，由于劳动力、货物以及工程其他投入成本的升降，或市场汇率发生变化，合同价格需要调整时一般雇主不予以调整价格，应由工程总承包商来承担此类风险。

2.工作范围的扩大

在 EPC 总承包模式下，总承包商的工作范围包括设计、采购和施工等过程，根据业主需要，总承包商还可能参与到项目的前期策划、试运行、物业管理与运行维护等阶段，在如此大的工作范围中，分项目、各专业的接口多，承包范围边界模糊。同时，需要多单位、多专业人员参与建设才能完成项目目标，参与方包括设计单位、设备和材料的供应商、施工分包商等，人员众多，从而增加了项目的风险。另外，与传统承包模式相比，EPC 项目一般持续的工期较长，不但在项目范围上会有增加的风险，而且在项目实施难度上往往也会增加，EPC 项目实施过程中环境的复杂性和不可确定性，会造成总承包商项目管理组织跨度的增加，从而使管理风险增大。EPC 工程总承包项目中，承包商将面对由于工程范围扩大所带来的各种风险的挑战。

（二）工程风险的划分

根据不同的标准，工程风险分类有以下多种方法：

（1）按照项目全生命周期分类。按照项目全生命周期分类，可分为投标阶段风险、设计阶段风险、采购阶段的风险、施工阶段风险、试运行阶段风险和运行维护阶段风险等。

（2）按照风险成因分类。按照风险成因分类，可分为政治风险（国有化、征用、没收外资；所在国法律法规发生变化、汇兑限制、国际关系反常、专制行为等）；自然风险（气候、地质、水文、地理位置构成障碍或不利条件产生的风险）；经济风险（经济领域潜在或出现的各种可能导致承包商企业遭受损失的风险，如汇率浮动、通货膨胀、平衡所有权等）；道德风险（业主不付款或拖延付款、分包商故意违约、承包商管理人员不诚实或违法行为、业主或筹措资金能力不足等给承包商带来的风险）；技术风险（承包商技术薄弱，缺乏技术人才和经验，新技术、新标准的应用等）；管理风险（决策失误，例如招标信息失误或失真、报价过高等；缔约和履约不利；职业技术人员过失所产生的风险）；组织风险（合同各方关系的协调能力不够、公司领导对项目部不太重视；项目班子内部缺乏团队精神所产生的风险等）。

（3）按照项目系统性质分类。按照项目系统性质分类，可分为环境系统风险（自然环境和社会环境的变化导致的项目风险）、行为系统风险（由于参与者的主观行为失误而导致的项目风险）、技术系统风险（设计难度较大，新技术的应用，施工难度大等产生的风险）和管理系统风险（管理组织、机制、制度不健全导致的风险）等。

（4）按照风险对项目的影响分类。按照风险对项目的影响分类，可分为成本风险（是指由于风险的存在和风险事故发生后，人们所必需支出的费用和减少的预期经济利益的风险）；工期风险（是指由于承包商原因，如管理不善、分包违约等，致使工期拖延，导致承包商接受业主罚款的风险）；质量风险（是指工程项目存在缺陷或瑕疵，给承包商带来经济利益上的负面效应和消极影响的风险）；安全风险（是指发生事故造成人员伤亡或重大财产损失的风险）等。

（5）按照风险对经济实体的影响分类。按照风险对经济实体的影响分类，可以分为系统风险和非系统风险两类。

系统风险又称为市场风险，是指由于某些因素给市场所有的经济实体（承包商或承包项目）带来经济损失的可能性，如政治风险、经济风险和环境风险等。

非系统风险又称为公司特别风险，是指某些因素对单个经济实体造成经济损失的可能性，如投标风险（报价风险、技术风险等）和履约风险（合同风险、组织管理风险等）。

（6）其他分类。根据需要还可以依据其他标准对项目风险进行分类。

第一，按照风险分布地域分类，可将风险分为国别风险、行业风险和企业风险三种。国别风险是指项目所在国或地区的政治、经济、法律等风险事件；行业风险是指由于一些不确定因素的存在，导致对建设行业生产、经营、投资偏离预期结果而造成损失的可能性；企业风险是指建设企业所面临的风险，如投资风险、运营风险和管理风险等。

第二，按照风险的可控性程度分类，风险可分为不可控制风险和可控风险两种。不可控制风险是指那些不可避免和无法弥补损失的风险，如自然灾害；可控风险是指可以通过各种控制手段加以消除、减弱或转移的风险，如安全风险等。

第三，按照风险发生的概率高低分类，可分为极低、低、中、高和极高风险。高和极高风险是指发生概率比较高或非常高的风险，如工地安全事故风险；极低、低和中风险是指发生风险的概率并不是很高、一般或很低的风险，如工地火灾等。

第四，按照风险发生后产生的后果严重程度高低分类，可分为稍有风险、一般风险、显著风险、高度风险和极其危险等。

第五，按照风险是否具有可保性分类，可分为可保风险和不可保风险两类。可保风险是指损失程度高、发生概率小、损失发生是意外的风险，且符合承保人承保条件的特定风险，如火灾财产、人身伤害等；不可保风险是指那些损失程度低、发生概率高、必然发生的风险，如机械磨损等风险，这类风险保险公司是不予承保的。

在工程项目风险管理中，风险分类常用上述第一条和第四条的方法。

（三）工程风险的特征

EPC 工程总承包项目风险特征如下：

（1）复杂性。在 EPC 总承包项目中，总承包商所要应对的风险比传统的设计或施工等分项工程要复杂得多，风险也更大。因此，总承包项目的风险管理必然更加困难，但其收益也会更加显著。

（2）全过程性。由于 EPC 工程总承包模式下，承包商的工作任务贯穿于项目的设计、采购、施工、试运行以及维护全过程，因此风险也将贯穿于整个工程生命周期的全过程。

（3）关联性。EPC 工程总承包项目各个阶段都存在风险，但各个阶段的风险并不是独立的，相互之间具有一定的关联性。例如，设计风险的发生可能导致采购的延迟，从而影响施工进度。不合格的材料和设备会影响建筑安装工作，其风险是相关的。

（4）社会性。EPC 工程总承包项目实施过程中所涉及的利益相关者较多，关系复杂，国际 EPC 工程总承包项目的风险尤其如此。

（四）工程风险的损失

（1）有形损失。有形损失是指一旦风险事件发生所造成的经济损失。有形损失主要表现在两个方面：一是承包商因履行了合同责任范围以外的责任义务，或为避免非承包商所应承担的风险而造成的额外成本支出。二是业主付款拖延或拒付部分或全部合同款；或是因为承包商违约导致业主不付款或迟付款；或是由于业主的原因而由承包商承担其不付款或退付款；或是由于合同以外第三者的影响，而导致业主对承包商不付款或迟付款，如分包商违约等；或是承包商和业主都无法预见和控制的意外事件的发生，而导致的业主不付款或迟付款等。

（2）无形损失。无形损失是指一旦风险事件发生后，对承包商所产生的负面影响，如对总承包商的经营运行、国际声望、社会名誉、企业形象等诸方面的破坏后果。承包商信誉、信用损失是因风险产生的潜在损失，是一种不能直接用货币来衡量的损失。例如由于风险事件发生，造成对总承包商不利的社会影响，被业主、金融机构列入黑名单，导致承包商信誉受损、信用下降等，这种风险损失对承包商带来极大的负面影响，不仅会影响企业在其他项目的投标报价中受到严格的限制，还会影响到承包商经济效益、职工福利和财务资金运行，严重者还会造成承包商破产。

二、EPC 工程总承包项目风险管理的原理

EPCI 程总承包项目在建设过程中存在诸多风险，来自自然、经济、社会、法律等各个方面，存在于设计、采购、施工、试车的建设

全过程。因此，要使工程项目获得成功，EPC总承包商就必须充分发挥其集成管理优势，以项目整体利益为出发点，深入识别、评价和控制风险，通过对设计、采购、施工和试车一体化的风险控制，减少风险可能给项目带来的损失，保证企业获取预期的利润。

（一）项目风险管理的程序

在EPC项目中，由于一个承包企业或项目所面临的风险是多种多样且大量存在的，并随着企业、项目、地点的不同而不同，其风险往往盘根错节、交错复杂。风险管理需要一个有序的过程，采取系统的风险管理步骤、按照一定的科学方法进行，这就是风险管理的程序，包括系统识别、评价、应对与监控风险，以期在项目的全生命周期取得消除、转移和控制风险的最优效果。

（二）风险管理与其他管理的区别

1.风险管理与项目管理的区别

风险管理是工程项目管理的重要组成部分，其目的是保证项目总目标的实现。从项目管理的总体目标、范围管理职能、计划管理职能、沟通管理职能及成本管理职能角度进行分析，风险管理与项目管理的关系。

（1）项目总体目标方面：①项目管理的总体目标是在有限资源限定条件下，优化方案、排除干扰、降低成本，达到业主在进度、质量和成本方面的要求，实现或超过设定的需求和期望，保障企业赢得预期利润；②风险管理是通过风险管理手段，把风险导致的各种不利后果减少到最低程度，实现项目进度、质量和成本总目标，风险管理与项目管理总目标是完全一致的。

（2）项目计划管理职能方面：①项目计划是项目的总体计划，它是动态、灵活的，并且随着环境或项目的变化而变化。其考虑的是未来，而未来必然存在着不确定因素．项目的计划管理职能就是对未来做出谋划、安排；②风险管理通过各种手段判断各种不确定性因素，减少项目整个过程中的不确定性，可以为项目计划的制订和调整提供依据，显然对提高项目计划的准确性和可行性有极大的帮助。

（3）项目沟通管理职能方面：①项目管理的沟通管理职能主要是对沟通体系进行监控，特别要注意经常出现误解和矛盾的职能及组织间的接口，项目管理的沟通管理职能可以为风险管理提供信息；②风险管理中收集到的信息，也可以通过项目沟通体系传输给相应的部门和人员，从而为项目沟通体系监控提供更多的信息，强化了沟通管理的职能。

（4）项目成本管理职能方面：①项目成本管理是承包商为使项目成本控制在计划目标之内所进行的预测、计划、控制、调整、核算、分析和考核等管理工作，成本计划、控制、调整是成本管理的重要工作环节；②风险管理可以通过风险分析，指出有哪些可能的意外费用，并估计出意外费用的多少，对于不能避免但能够接受的损失，也计算出数量列为一项成本，为在项目预算中列入必要的应急费用提供依据，从而增强项目成本计划的准确性和现实性，避免因项目超支而造成项目各有关方的不安，有利于坚定对项目的信心。风险管理是项目成本管理的一部分，没有风险管理，项目成本管理则是不完整的。

2. 风险管理与合同管理的区别

关于风险管理与合同管理的关系，主要从两者的管理主体、客体、管理内容和管理目标方面进行分析比较。

（1）管理主体方面：①合同管理主体可以是政府行政管理部门、律师、业主、工程师、承包商、供应商等，在工程项目中的角色不同，则有不同角度、不同性质、不同内容和侧重点的合同管理工作，一般合同管理的主体是指总承包商项目部以及企业有关职能部门，即合同管理部；②风险管理主体可以是业主、总承包商、分包商，也可以是关系利益人.如保险公司、监理公司、贷款银行、担保公司等，一般指的是总承包商作为主体对工程项目风险的管理由此可见，一般来讲管理主体是一致的。

（2）管理客体方面：①合同管理是以合同为管理研究对象，围绕合同的签订与履行实施全过程的管理，合同管理对象可分为对整个项目的合同管理和对分包（或单项）合同的管理；②风险管理的研究对象是项目风险，发现项目全过程潜在的风险，并采取措施予以控制，管理客体可分为设计风险、采购风险、施工风险和试运行风险等。由此可见，两者研究对象不同。

（3）管理内容方面：①合同管理的工作内容侧重于对主合同和分合同的策划、合同签订、合同履行、合同变更、合同索赔和合同争议的处理等；②风险管理的工作内容侧重于工程项目全过程的风险识别、风险评价、选择风险管理技术，以及制订有效的风险控制计划和跟踪监督，评估风险管理效果等。由此可见，管理内容侧重不同。

（4）管理目标方面：①通过有效的合同管理，将因合同签订、合同履行中的不利因素加以控制，排除合同条款产生的风险，并对风险予以防范，为保证合同执行奠定基础，同时做好索赔工作，为实现项目进度、质量和安全总目标服务；②风险管理是通过风险管理手段，把风险导致的各种不利后果降低到最低程度，实现项目进度、质量、成本总目标。由此可见，风险管理与项目管理总目标是完全一致的。

第三节 "代建＋监理一体化"管理模式及其发展

一、"代建＋监理一体化"管理模式的相关概念

（一）工程项目监理

工程项目监理指的是一些专业性强的企业或公司在施工过程中专业承担开放式管理工作，并非一般的机构承担。从组织策略、技术手段、合同方案以及经济措施等多方面着手对施工企业的多种资源进行整合优化，对整个建设项目实施管理和监控，切实为工程质量与工期做好保障工作。

工程监理的一大特征就是咨询性，也就是服务性，指的是在工程建设活动中，监理人员基于技术、法律、经济以及管理等多方面的经验和知识提供工程服务。工程监理具备公正性，指的是监理人员在整个工程建设活动过程中始终保持公正的立场和站位，依托合同进行监督管理。公正性是有效性和权威性的前提和基础。工程监理具备规范性，也叫标准性或科学性，指的是监理人员在既定的技术、法律以及经济等多重标准、条件和参数的情况下，科学合理地将统筹及测量方法等应用到工程建设当中去，以达到监控的目的。工程监理的独立性指的是监理机构是第三方独立机构，是在业主委托的情况下开展业务。监理机构的独立性是规范性与公正性的前提，能推动有效性的发挥。

（二）代建工程

代建企业指的是项目投资单位，采取公开招标的方式，在多个参加招标企业中，按照专业水平高、实力强、性价比高的原则选择的企

业，该中标企业承担工程项目施工活动并进行日常管理。项目投资单位与中标企业进行会谈，商定并签署项目协议，达成工程代建合约。依托工程代建合约以及相关法律法规，通过利用现代科学技术和现代化管理技术，借鉴专业度高的建筑施工技术和工程规划设计，拿出施工全过程的保障方案。项目工程代建管理体制涵盖了项目风险的成本管理、项目活动的质量管理、政府部门职能的改变以及项目施工过程的管理等多方面内容。

（三）代建制

代建制，指的是采取招标的形式，对项目管理单位进行选择，挑选出经济实力强且具备相关技术和资质的机构承担项目工程实施任务，同时对工程质量、工程期限和项目投资等负责，施工完成后验收通过再转交到运用单位或业主手中。代建机构承担的是业主代理人的角色，工作职能限制在业主委托和授权的范围中，其利润来源是通过管理服务获得酬劳还有项目管理所剩即所得。建设项目代建制指的是省市主管单位或是建设项目公司采取招标形式挑选出专业度高、性价比高、技术强且具备资质的工程建设机构，该机构在委托之下实施整个工程项目。代建单位依托自身专业技术，对施工组织进行设计，统筹安排，对工程质量、工程时限以及工程造价进行严格把控，项目实施完成验收通过后转交到运营单位或业主手中，以实现自身利益最大化和项目投资效益最佳。

（四）委托代理理论

委托代理理论本质上是将信息经济学实际运用到现代企业理论中。从分类来讲，信息经济学是博弈论的分支，主要针对的是经济主体在信息分布不对称的情况下道德风险与逆向选择的问题。

委托代理关系指的是单个或多个人授权他人代理，以委托人的利益和意愿为中心开展一些活动，同时与代理人建立契约关系，授权代理人部分决定权。最早，委托代理理论常见于中国管理学研究当中，最常见的就是普遍存在于现代企业中的"委托代理"关系，也就是所有者与实际经营者之间的关系。在该关系内部，委托人指的是能够主动决定建立契约关系的人，而代理人则是被动接受和被动选择契约关系的人。施工单位内部有常见的所有者和实际经营者之间的委托代理关系，除此之外，建筑单位因具有特殊性，还存在着企业经理和项目经理的委托代理关系，通过对信息经济学理论的应用，对施工企业项目管理方面的委托代理关系进行有效约束和激励。

二、"代建 + 监理一体化"管理模式的发展

（一）代建管理与工程监理融合

要实现资源的高效配置，缩短管理链条，加速过程管理与目标控制的融合，从根本上提升项目建设水平，项目代管建设必须从加速推动工程监理和建设管理的融合着手，一方面从法律层面对代建管理加以明确，另一方面为工程监理改革和发展指明方向。

（二）代建管理与全过程咨询融合

1.全过程咨询

全过程咨询的国外发展现状：1913 年，国际咨询工程师联合会成立，工程建设咨询行业开始飞速发展。目前，国际工程咨询业务已经实现了由最初只参与项目实施阶段到覆盖整个建设活动全过程的飞跃。

全过程咨询的国内发展现状：进入 21 世纪，我国工程咨询行业得到了广泛的培育和发展，但是，现阶段国内具备"全牌照""全资质"的全能型咨询单位还很少，尤其是对于大部分传统型监理企业而言，其往往只具备"工程监理"这一项资质，要赶上全过程工程咨询

这波"红利"，还有许多工作要做。

2.全过程咨询与水利监理

推行全过程工程咨询，有利于提高项目实施效率、节约工程投资、优化投融资环境促进转型升级。对于传统监理企业而言，推广全过程工程咨询还具有以下方面的意义：

（1）有利于促进行业资源整合。工程监理是工程咨询业务不可分割的一部分，推行全过程工程咨询，建筑业将演变出建设方、全过程工程咨询方、EPC 总承包方三雄分立的铁三角合作模式，更多资源将向这三方倾斜、聚拢，建设工程合同模式得到精简，离散化的咨询服务资源逐步向全过程工程咨询集中靠拢，形成全阶段、全专业、全生命周期的咨询服务新业态。

（2）有利于充分发挥监理企业的现场管理优势。监理单位对工程项目建设管理的参与度仅次于建设单位和施工单位。建设项目推行全过程工程咨询，其最核心、最重要的部分是全过程项目管理，相比于造价咨询、勘察设计、招标代理等咨询单位而言，监理人员长期奋战项目实施一线，深度介入实施阶段项目管理，较单一的项目管理人员而言更具优势。

（3）有利于改善监理企业的人才队伍架构。国内咨询企业尤其是传统监理企业想要开展全过程工程咨询业务，必须在人才队伍架构上做出彻底改变，全力引进设计和项目管理类的高端专业技术人才，扩充咨询团队人才队伍，以提供更专业化、精细化的高端咨询技术服务。

（4）有利于推动监理企业的转型升级。发展全过程工程咨询是整个建筑业改革的必然趋势，对于监理企业而言，虽然部分监理企业同时具备了招标代理、造价咨询等业务资质，也开展过一些独立的招标代理、造价咨询业务，但是在投资决策及勘察设计方面，目前能独立承担相关业务的监理企业几乎没有。因此，监理企业想要开展全过程工程咨询业务，就必须通过企业并购重组、开展内部研发创新、培养和引进高复合型人才等方式，不断完善企业人才架构和业务体系，实现转型升级。

3.代建管理与全过程咨询

从项目法人的层面来说，工程项目的全部活动按照性质可以划分成管理性和实施性两种。管理性活动涵盖了工程监理、工程招标和建设管理三方面，实施性活动涵盖了设计、勘察、材料供应以及施工等。

结合我国法律法规趋势以及国际成熟实践经验来看，不管是管理性活动还是实施性活动，未来都是向着集成化发展。管理性活动的集成化指的是工程咨询、项目管理的综合服务形式。实施性活动的集成化则指的是如设计总承包和工程总承包等。项目代建管理模式实际上就是将工程监理、建设管理、工程招标等全过程的专业技术服务实行集成化处理，这一模式也就是当前风头正盛的全过程咨询模式。

从实施阶段的角度来讲，代建可以划分成阶段性代建和全过程代建两种，阶段性代建指的是从施工图设计阶段开始，全过程代建指的是从初步设计阶段开始；从实施内容的角度来讲，代建可以划分成"代建＋"模式与纯代建管理，"代建＋"模式是将勘察设计管理、监理、造价管理和招投标管理等多个活动进行集合的咨询服务，典型的就是"代建＋监理"，纯代建则是只针对原建设单位进行管理的模式。全过程"代建＋"模式，实际上就是依托项目管理开展的全过程咨询。所以，"代建＋监理"一体化对于建设项目领域全过程咨询意义重大。

结束语

随着我国建筑业管理体制改革的不断深化，以工程项目管理为核心的中国水利水电施工企业的经营管理体制也发生了很大的变化，水利水电建设工程是一个系统工程，环节多、内容复杂。作为施工企业，既要提供一个合格、优良的建筑产品，又要取得一定的社会效益和经济效益，这就要求必须对水利水电工程项目进行规范、科学的管理。

本书基于水利水电工程项目基本理论进行分析，重点围绕工程项目的进度监理、工程施工安全评价与管理、工程项目的质量控制、水利水电工程项目管理的新模式进行论述研究，具有一定的理论创新和学术价值，对我国水利水电工程建设与发展具有重要的现实意义。

参考文献

［1］陈成锋.浅析水利水电工程项目的安全管理［J］.中国水利，2012（22）：53，55.

［2］陈文超，强茂山，林正航.水电类国际工程承包项目管理要素分析［J］.水力发电学报，2014，33（5）：228-234.

［3］崔玉君.如何做好水利水电工程移民档案管理［J］.档案管理，2014（4）：76.

［4］杜旻昊.水利水电工程项目进度控制探讨［J］.科学与财富，2016（Z1）：280.

［5］丰景春，刘永强，杨建基.水利水电工程项目调价风险分析［J］.河海大学学报（自然科学版），1999（2）：65-68.

［6］丰景春.水利水电工程项目行为控制系统灰色摆动模型［J］.水利学报，2000（1）：15-18.

［7］郭武山.水利水电工程管理信息系统构建方式探讨［J］.南水北调与水利科技，2006，4（2）：59-61.

［8］郭迎旗.浅谈水利水电工程施工项目成本控制［J］.西北水力发电，2006，22（z1）：158-159.

［9］何理礼.水利水电工程项目管理实践——评《水利水电工程项目管理》［J］.人民黄河，2020，42（11）：后插1.

［10］贺宇红.水利水电工程建设项目造价管理与控制［J］.中国农村水利水电，2009（9）：163-165.

［11］蒋洪强，刘正广，徐玖平.基于管理成熟度的大型水利水电工

程环境绩效评价研究［J］.生态环境学报，2009，18（6）：2399-2403.

［12］黎志键，齐彦斌.水利水电工程库区水保治理项目整体委托实施的新思路［J］.中国水土保持，2012（3）：47-48.

［13］李超云，韩晓劲.水利水电项目移民安置工程总承包建设探讨［J］.水力发电，2015，41（9）：82-86.

［14］李克乾.水利水电工程质量检验与评定项目划分探讨［J］.中国水利，2016（14）：42-43.

［15］李兰奇，彭华，张攀峰，等.水利水电工程建造过程质量管理数字化探索［J］.中国水利，2016（14）：44-45.

［16］刘仪影，潘晓泉，冯绍诚.水利水电工程移民征迁安置工作数字化研究［J］.水力发电，2020，46（7）：85-88.

［17］刘志强.水利水电工程项目管理［J］.建筑工程技术与设计，2017（23）：4005.

［18］卢开全.水利水电工程项目进度管理［J］.城市建设理论研究（电子版），2015，5（33）：3289.

［19］缪成勋.大型水利水电工程建设项目管理方法的研究与实践［J］.水力发电，2003，29（10）：19-21，24.

［20］秦大庸，刘之平，杨柄.水利水电工程建设项目的风险管理［J］.水力发电，2004，30（3）：1-5.

［21］石小强.水利水电工程设计项目管理的实践与探索［J］.水利水电技术，2000，31（1）：45-48.

［22］宋小颖.水利水电工程项目质量评价研究［J］.农业与技术，2015，35（13）：69.

［23］唐孟军，王博，朱春芝.浅谈水利水电工程建设中业主对进度

的控制［J］.南水北调与水利科技，2009，7（z1）：127-129.

［24］万城勇.EPC工程总承包模式下的现场施工管理以及分析浅谈［J］.建筑与装饰，2020（17）：29.

［25］王文飞，黄介生.水利水电项目风险管理浅析［J］.中国农村水利水电，2009（5）：82-84，90.

［26］吴建波.浅谈水利水电工程项目安全管理与安全的现状与控制策略［J］.建筑工程技术与设计，2016（26）：978.

［27］邢丹.对水利水电工程项目建设方安全责任的探讨［J］.工程建设与设计，2019（19）：258.

［28］徐玖平，李姣.大型水利水电工程建设项目动态联盟组织模式的结构集成［J］.系统工程理论与实践，2012，32（11）：2447-2458.

［29］杨赞锋，汪兰芳，张慧，等.水利水电工程项目经济评价系统研究［J］.三峡大学学报（自然科学版），2004，26（4）：303-305.

［30］于伟，贾成杰.水利水电工程项目质量管理措施的探索［J］.城市建设理论研究（电子版），2013（24）.

［31］余俊鑫.水利水电工程项目管理［J］.城市建设理论研究（电子版），2016（15）：1210.

［32］张海英，梁云亮.建立水利水电工程项目通用编码的探讨［J］.人民长江，2006，37（6）：75，79.

［33］赵明伟.项目管理总承包在水利工程中的探索与实践［J］.中国水利，2018（10）：35-36.

［34］周群.基于价值工程的施工管理技术创新［J］.中国工程科学，2004，6（3）：86.

1.3.1 法律、法规及规章制度

（1）《中华人民共和国安全生产法》（人民代表大会常务委员会2002年，2021年修订版）.

（2）《建设工程质量管理条例》（2000年国务院令第279号，2019年第714号修改）.

1.3.2 质量安全管理规定

（1）《水利工程质量管理规定》（1997年水利部令第7号，2017年第49号修改）.

（2）《水利部关于印发水利安全生产监督管理办法（试行）的通知》（水监督〔2021〕412号）;

（3）《水利部关于印发水利工程建设项目档案管理规定的通知》（水办〔2021〕200号）.

（4）《水利部关于印发〈水利工程设计变更管理暂行办法〉的通知（水规计〔2020〕283号）》（水规计〔2020〕283号）.

1.3.3 技术规范、规程及标准

（1）《水利工程建设标准强制性条文(2020年版)》;

（2）《水利工程施工监理规范》（SL 288—2014）.

（3）《水利水电工程施工安全管理导则》（SL 721—2015）.

（4）《水利水电工程施工质量检验与评定规程》（SL 176—2007）.

（5）《水土保持工程施工监理规范》（SL 523—2011）.

（6）《水利水电工程施工重大危险源辨识及评价导则》（DL/T 5274–2012）.

（7）《水利水电建设工程验收规程》（SL 223—2008）.

（8）《水利水电工程单元工程施工质量验收评定标准》（SL 631 ～ SL637—2012、SL 638 ～ 639—2013）.